SV

Tilmann Moser
Der Erlöser der Mutter auf dem Weg zu sich selbst

Eine Körperpsychotherapie

Suhrkamp Verlag

Erste Auflage 1993

Druck: Wagner GmbH, Nördlingen
Printed in Germany

Inhalt

DER ERLÖSER DER MUTTER AUF DEM WEG ZU SICH SELBST

THEORETISCHER ANHANG

Einleitung

Es war spannend, mit dem Patienten diesen Bericht über das erste Viertel seiner psychoanalytisch orientierten Körperpsychotherapie bei mir durchzugehen. Das Ende der Behandlung liegt einige Jahre zurück, er hat inzwischen selbst, neben seiner Teilzeittätigkeit als Klinikseelsorger, nach längerer Ausbildung im Ausland, eine körpertherapeutische Tätigkeit aufgenommen, bei der er sich, wenn es nötig ist, bei mir Rat holt. Dadurch treffe ich ihn in lockeren Abständen. Er scheint glücklich verheiratet und hat mich mit seiner zweiten Frau auf meinen Bauernhof, von dem in dem Bericht einige Male die Rede ist, besucht. Der Kontakt zu seinen Pflegekindern, deren jüngere bei der Mutter leben, scheint gut.

Von psychoanalytisch orientierten Kollegen wird immer wieder beklagt, daß ausführliche »Fallgeschichten« fehlen, an denen man den Gang einer Therapie im Detail und in der Zeitdimension verfolgen könnte. Mir scheint, daß der, der es versucht, seinen Stil, den Aufbau, das Verhältnis von Erzählen und Kommentieren nicht planen kann. Viele Zufälle und Besonderheiten der Situation, der Arbeitsform, der Zeit, der Art der Erinnerung der Daten und Ereignisse, prägen den Ablauf der Darstellung.

So spielen auch bei dieser Behandlungsgeschichte eine Reihe von Zufällen und Besonderheiten eine Rolle, von denen ich nur einige erwähnen möchte. Die wichtigste war mein Wunsch, den aufwühlenden Übergang von der rein verbalen Psychoanalyse zur psychoanalytisch orientierten Körperpsychotherapie, die ich aber nach wie vor als Psychoanalyse verstehe, zu dokumentieren, zu überprüfen, zu diskutieren, meine eigenen Veränderungen festzuhalten und die Erweiterungen der Technik wie der therapeutischen Haltung und ihrer theoretischen Fundierung zu begründen.

Dem theoretisch anspruchsvollen, vor allem dem psychoanalytisch versierten Leser werden die Begründungen oft als nicht ausreichend erscheinen. Aber vermutlich vollziehen sich Veränderungen in der Behandlungstechnik auch nicht über Veränderungen in der Theorie, sondern die Begründungen folgen dem explorativen Handeln, das in der Regel neue Wahrnehmungen von Störungen und Bedürfnissen bei den Patienten zum Ausgangspunkt für tastendes Experimentieren nimmt. Es ist aber meine Absicht, die von den immensen Herausforderungen der Babyforschung ausgehenden Folgerungen für die psychoanalytische Behandlungstechnik in einer eigenen Arbeit aus meiner Sicht darzustellen. Hilarion Petzold hat in einem Sonderheft der »Integrativen Therapie« (1992) den Forschungsstand und die notwendigen Folgerungen aus der Sicht seiner Disziplin in umfassender Weise bereits dargestellt.

Ich kann den Leser nur einladen, seiner Einfühlung, seinem Erleben, auch seinen körperlich-seelischen Prozessen zu folgen und nicht von vornherein sich an seine theoretische Orientierung zu klammern. Oder, um es mit dem vergeblichen Stoßseufzer von Sándor Ferenczi aus dem Jahre 1931 zu sagen: »Ich hoffe, meine Damen und Herren, daß Sie das von mir Mitgeteilte nicht sofort verwerfen, sondern Ihr Urteil aufschieben werden, bis Sie sich Erfahrungen unter den nämlichen Bedingungen geholt haben.« (Aus »Kinderanalysen mit Erwachsenen«, in: Ferenczi, S., Schriften zur Psychoanalyse, Bd. 2, Frankfurt 1972, S. 289). Helmut Thomä hat allerdings noch 1992 wieder hervorgehoben, daß man keine eigene Erfahrung in der konkreten Einbeziehung des Körpers haben müsse, um ein negatives Urteil über diese bei vielen Kollegen wachsende Verbreiterung unseres behandlungstechnischen Repertoires fällen zu können, von Günther Bittners »Urteil« über den »Ringelpiez mit Anfassen« einmal ganz zu schweigen. Mit beiden Autoren habe ich mich in »Vorsicht Berührung« (Frankfurt 1992) auseinandergesetzt.

Da das Ergebnis der in diesem Buch dokumentierten Therapie günstig war, müssen sich heilsame Interaktionen ereignet haben, auch wenn manchem ausschließlich auf die Sprache eingeschworenen Therapeuten vielleicht die Haare zu Berge stehen ob der Intensität mancher handelnden Szenen.

Die zweite Besonderheit dieses Berichts (und anderer, die folgen werden) ist die Eingrenzung der Protokolle auf die Dauer eines Jahres. Dies hängt mit einem glücklichen wie einem für mich unglücklichen späteren Umstand zusammen: ich konnte für genau ein Jahr die von Einfühlung, vielfältiger therapeutischer Selbsterfahrung und theoretischem Interesse getragene Hilfe eines Assistenten in Anspruch nehmen, dem ich fast täglich den Fortgang meiner Behandlungen diktiert habe, Klaus Kooistra, der heute als Gestalttherapeut in eigener Praxis arbeitet.

Nun läßt sich nicht alles festhalten, was man an einem sechs- bis manchmal achtstündigen Arbeitstag versteht, deutet und tut. Die Protokolle haben zum Inhalt meinen zu dem Zeitpunkt bereits einige Jahre in Gang befindlichen Übergang von der reinen Psychoanalyse zur Körperpsychotherapie. Deshalb wirkt sich bei den Diktaten auch eine Gewichtung aus: der Schwerpunkt liegt auf den Stunden, in denen ich glaubte, die Therapie durch Körperarbeit zu vertiefen. Es fehlen also oft lange Passagen der verbalen »Verdauung«, also des Durcharbeitens; auch Passagen der langsamen, meditativen Vorbereitung des nächsten Schrittes, der langsamen Veränderung der Übertragung, des Schweigens, des ruhigen Seins oder des vorsichtigen Umkreisens einer noch unklaren Spannung oder neuen Atmosphäre. Insofern handelt es sich sicher nicht um eine direkte Abbildung der täglichen Arbeit, sondern um Berichte über Verdichtungen, besondere Eingriffe, Beschleunigungen oder einen massiven Wechsel der Arbeitsebenen oder deren besonders anschauliches Ineinandergreifen.

Eines der Hauptergebnisse der Baby- und Kleinkindforschung ist die sich festigende Erkenntnis, daß innere »Objekte«, Repräsentanzen der Anderen wie des eigenen Selbst, Niederschläge von Erfahrungen in der Interaktion mit frühen Bezugspersonen sind. Es handelt sich dabei um eine riesige Fülle sensomotorisch durchlebter Szenen, von denen viele der Erinnerung zugänglich werden können, viele aber auch außerhalb der Symbolbildung bleiben und nur im szenischen, im Handlungs- oder im Körpergedächtnis aufbewahrt werden und auch nur dort durch neue Zugangswege abgerufen werden können. Die Protokolle sind also zentriert auf Stunden, in denen die psychoanalytisch orientierte Therapie gestützt, bereichert, wieder in Fluß gebracht oder auch affektiv geerdet wurde durch die Hereinnahme dieser sensomotorischen Dialoge, die an vielen Stellen natürlich eingebettet sind in die Welt der un-

bewußten Phantasien, wie sie die Psychoanalyse in geduldiger Spracharbeit zu erschließen versucht.
Vielleicht spürt der Leser an manchen Stellen, daß sich auch zu den unbewußten Phantasien als den schon viel elaborierteren Überarbeitungen interaktioneller Erfahrungen durch Berühren und Handeln ein anderer Zugang finden läßt als durch die meditative Deutung: nämlich durch die Inszenierung früher oder auch aktueller Beziehungen, wie es dem Psychodrama, dem Rollenspiel und anderen Formen der Dramatisierung des Unbewußten geläufig ist. Der der analytischen Körperpsychotherapie eigene Rhythmus ist das Hin- und Herschwingen zwischen Fühlen, Mutmaßen, Inszenieren und Verarbeiten, zwischen Handlungsdialog und verstehender Integration. Patient und Therapeut müssen sich in ihr genauso erst »finden« und aneinander gewöhnen wie in jeder anderen Therapieform. Aber die »Verhandlungen« über die Angleichung der Stile, über das Tempo, über die Wahl der Mittel findet vielleicht offener statt, weil es zwangsläufig zu mehr Rückfragen und Rückmeldungen kommt, die als richtungweisend ernst genommen werden. Denn das Kind im Patienten soll die Chance haben, traumatische wie heilende Interaktionen zu wiederholen, seine eigene Kompetenz zu entdecken, die Autorschaft für seine Schritte wie für seine Wirkungen in der Welt, und zunächst in der therapeutischen Welt zu entdecken und zu übernehmen.
Ohne das empathische Mitschwingen des Assistenten, dem ich beim Nachempfinden, Erzählen und Reflektieren gestikulierend ins Gesicht schauen und mir seines gespannten Interesses sicher sein konnte, wären die Protokolle nicht zustande gekommen. Die Disziplin, abends im stillen Kämmerlein die Erinnerungen aufzuschreiben, hätte ich nicht gehabt. Um so schmerzlicher war es, als die Zusammenarbeit abbrach, so daß keine vollständigen Fallgeschichten entstanden sind. Besonders für »Bernard«, den Helden oder Antihelden dieser Erzählung, gilt, daß man den Bericht über etwas mehr als ein Jahr durchaus noch als eine Ouvertüre bezeichnen könnte, weil der Text zeitlich und was die Zahl der Stunden angeht, etwa das erste Viertel der Therapie umfaßt. Auch dort, wo durch Interaktion in der Regression sehr tiefe neue oder kor-

rigierende Interaktionserfahrungen begründet werden, bedarf es der Wiederholung, der Durcharbeitung der Widerstände, Ängste, all dessen, was dagegen spricht, daß der Patient seine Kräfte und seine Lebendigkeit neu entfaltet.

Die alten Identitätskerne, die Gespenster der warnenden und verneinenden Stimmen kämpfen um ihn und locken ihn auf die unerwartetste Weise immer wieder zurück auf die schiefe Bahn der eingeschliffenen Einschränkungen und hinderlichen Ersatzlösungen.

Neue Selbstkerne brauchen lange Pflege, Ermutigung, Bestätigung, Validieren, und alte Lösungen müssen immer wieder ausgehalten und in ihrer Destruktivität entlarvt werden. Vielleicht ist es das extreme Pendeln zwischen Neubeginn und Rückfall, zwischen Hoffnung und Hoffnungslosigkeit, das die Geschichte von Bernard in manchen Phasen so aufregend macht. Ohne die jahrelange Ermutigung durch den Austausch mit dem Basler Freund und Kollegen Niklas Roth, der in seiner Arbeit einen ähnlichen Weg gegangen ist, wäre dieser Bericht wohl nicht zustande gekommen.

Zwei Gottesvergiftungen ziehen sich an

Einige Jahre nach dem Erscheinen der »Gottesvergiftung« wurde ich ins Elsaß eingeladen zur Tagung einer kirchlichen Organisation, die für Krankenhausseelsorger und Pfleger in psychiatrischen Anstalten eine Fortbildung zur seelischen Betreuung von Kranken veranstaltete. Es gab eine lebhafte Diskussion am Ende meines Vortrags über religiöse Sozialisation und den Umgang mit ekklesiogenen Neurosen.
Ein unrasiert wirkender und sozusagen vom Heiligen Geist und den mühseligen Folgen seines Wirkens sichtbar bedrängter Mann von knapp vierzig Jahren trat auf mich zu und sagte: Er habe die »Gottesvergiftung« mit glühenden Ohren gelesen und sich mit vielem identifizieren können. Er habe vor nicht allzu langer Zeit in einer französischen Stadt eine Analyse bei einem Lacanianer gemacht, sie aber enttäuscht und zermürbt nach einem Jahr abgebrochen; der Therapeut habe vorwiegend geschwiegen, er selbst habe sich auf der Couch auf eine schließlich unerträgliche Weise verlassen und verloren gefühlt. Er wisse, daß auch ich Analytiker sei, und obwohl er Angst habe, sich jemals einem solchen Experiment wieder zu unterziehen, habe er mich doch beobachtet mit Neugier und wachsendem Erstaunen über die Offenheit und Unbefangenheit, mit der ich über meine Kindheit sprach.
Er bat dann um einen Beratungstermin, und nach einem zweiten verabredeten wir eine zunächst ein-, später zweistündige Psychotherapie, zu der er etwas mehr als eine Autostunde zu fahren hatte.
Er schaffte es auf wundersame Weise, sowohl von seinem Arbeitgeber, dem bischöflichen Ordinariat, wie von seiner Krankenkasse einen ausreichenden Zuschuß zu erkämpfen, obwohl die Therapie nicht in Frankreich stattfand. Seine Symptome: eine hohe Anfälligkeit für Krankheiten wie Erkältungen, Koliken, Kopfweh, Migräne, Bauchschmerzen, aber auch Alkoholprobleme und Angstanfälle vor Gottesdiensten in der ländlichen Gemeinde, die er mitversorgte, und beklemmende Schweißausbrüche vor Beerdigungen. Die häufigen Fehlzeiten in der Anstalt veranlaßten seine Oberen wohl, dem Gesuch

stattzugeben, das er auch damit begründete, daß ich Psychoanalyse und Körperarbeit verbinde.
Bernard ist verheiratet, versorgt mit seiner Frau, wegen Kinderlosigkeit der Ehe, vier Pflegekinder. Er war zunächst Lehrer an einer Privatschule und ist dann katholischer Diakon geworden. Er habe sich eines Tages berufen gefühlt, in den kirchlichen Dienst zu gehen. Jetzt ist er in der Krankenhausseelsorge tätig. Der Umstieg zum Diakon, so sagt er, war ein wichtiger Schritt, eine Art Erwählung, Unterwerfung, Erhöhung, Erfüllung, Erleuchtung, Opfergang. Immer wieder umschreibt er die Bedeutung des Schrittes und zeigt mir sehr viel später glanzvolle Bilder der Diakonsweihe mit ihm bei der ersten Predigt auf der Kanzel, im Gegenlicht aufgenommen, aber auch ihn mit dem Gesicht auf dem Boden liegend, zum Zeichen der Unterwerfung.

Zum biographischen Hintergrund
Bernard ist jüngstes Kind, ein später Nachkömmling, 1944 geboren, vielleicht gezeugt, als klar war, daß der Vater als Fremdarbeiter oder Kriegsgefangener nach Deutschland mußte. Unter dunklen Umständen soll er später auf der Flucht oder bei Widerstandshandlungen erschossen worden sein. Seinen Vater hat er nie gesehen. Als er ein halbes Jahr alt war, wurde das Elternhaus beim Vorrücken der Alliierten durch einen Bombenangriff zerstört, die Familie verschüttet. Die Mutter hielt die älteren Kinder im Keller umschlungen, eine Nachbarin den Kleinen auf dem Schoß. Beim Einsturz des Hauses kam die Nachbarin um, sie erstickte und umklammerte noch im Todeskampf den Säugling, über den sie gebeugt war, und rettete ihm so vermutlich das Leben. Bernard hat zwei ältere Brüder (acht und elf Jahre älter), und eine neun Jahre ältere Schwester.
Die Witwe zog mit den Kindern für ein dreiviertel Jahr in eine Notwohnung bei einem entfernt verwandten Priester auf dem Land, bis sie wieder in der ursprünglichen Stadt nach Kriegsende eine Wohnung fanden. Sie hat nicht wieder geheiratet, obwohl es später über einige Jahre einen Hausfreund gab, der sie heiraten wollte. Es sei jedoch offen, ob sie je sexuelle Beziehungen hatten. Der Gemeindepfarrer hatte der Mutter

geraten, doch »Kriegerwitwe« zu bleiben. Es gab offenbar ein religiös und gleichzeitig vaterländisch überhöhtes Bild von Kriegerwitwen. Diese Rolle hat sie dann für immer gespielt. (Erst sehr viel später erfahre ich, daß der Vater zwar gegen Kriegsende auf der Flucht erschossen wurde, aber bis 1949 noch als vermißt galt; erst dann erreicht die definitive Nachricht von seinem Tod die Familie. Im ersten Jahr der Behandlung ging ich davon aus, daß mindestens die Mutter über seinen Tod Bescheid wußte. Es war wohl ein Leben zwischen Hoffen und Bangen.)

Als Bernard in den Armen der toten Nachbarin überlebte, muß sich ein Mythos um ihn gebildet haben, daß etwas Besonderes an ihm sei. Er nimmt an, daß die Mutter ihn insgeheim Gott versprach für die wundersame Rettung. Auf jeden Fall scheint die Bindung der beiden nicht zu vergleichen mit der zwischen der Mutter und den älteren Kindern. Man könnte von verlängerter oder nie gelöster Symbiose sprechen, aber auch von einem delegierten Selbstanteil, von einem geistlichen Animus der Mutter, der sich, in den Fesseln einer umklammernden Bindung, durch viel Auflehnung, Schulstreiche, bizarres, aufmüpfiges und delinquentes Verhalten zu rächen wie zu befreien versuchte. Die Mutter hat ihm schon sehr früh Meßgewänder genäht – sie selber sei später gar nicht sehr fromm gewesen –, und bis zum Alter von 17 Jahren habe er immer Priester gespielt in der Küche, und sie habe an seinen Messen und Ritualen andächtig und ministrierend teilgenommen.

Es handelt sich also um eine ziemlich verquere narzißtische und wohl auch latent inzestuöse Beziehung, mit dem Ergebnis: Bernard »wußte« immer: ich werde etwas ganz Besonderes, oder: Gott hat etwas Besonderes mit mir vor.

Zu seinem ältesten Bruder hat er heute fast gar keine Beziehung, er wurde ihm von der Mutter wie eine Art Ersatzvater vor die Nase gesetzt. Aber im Grunde ist er vaterlos aufgewachsen. Mit dem Hausfreund verbanden sich allerdings starke Hoffnungen auf Beachtung und Väterlichkeit, bis er spürte, daß er von der Mutter als eine Art Aufpasser oder Schutz gebraucht wurde, was die Beziehung zu dem »Onkel« natürlich nicht förderte.

Bernard sagt, bei der einjährigen Analyse habe der Analytiker, wie bereits erwähnt, vor allem geschwiegen. Als ihn das fast verrückt machte, sei er eines Tages grußlos gegangen. Es gab Stunden um Stunden, so berichtet er, wo kein Wort fiel, und am Schluß hätten sie sich nicht einmal die Hand gegeben. (Die Hypothese der Lacanianer ist, sehr vereinfacht, daß der Patient seine Probleme selber lösen kann, wenn der Analytiker ihm seine Präsenz und den ermöglichenden Raum anbietet.) Es muß für Bernard entsetzlich gewesen sein, verbunden mit dem Gefühl des Scheiterns.

Zu Beginn dieser Aufzeichnungen, die durch regelmäßige Diktate nach den Stunden, am Abend oder am folgenden Tag, zustande kamen, ist der Patient etwa seit drei Monaten in Therapie mit zunächst einer Stunde pro Woche.

Er hat sehr früh, etwa mit 22, geheiratet. Für ihn wie für seine Frau war die Heirat ein Versuch, aus klammernden Familien in eine eigene freizukommen. Es wurde eine Ehe fast ohne Sexualität. Eine ganz starke, frühe Mutterbindung wird wiederholt – mit Drohungen, Erpressungen (wenn du nicht das und das machst, begehe ich Selbstmord), Androhung von Prügeln, Phantasien von Gewalt. Neben dieser »heiligen Ehe« gibt es eine Geschichte von heimlichen Prostituiertenbesuchen.

Statt eigener ersehnter Kinder haben die Eheleute vier adoptierte Kinder zwischen vier und achtzehn Jahren aufgezogen. Sie galten als vorbildliches Paar in der Verwandtschaft, unter Freunden und Nachbarn. Bernard sagt auch, er sei ein Mensch, der es dringend brauche, immer vorbildlich zu wirken, sonst fühle er sich überhaupt nicht geliebt, nicht real, nicht existent. Er habe seit längerer Zeit das Gefühl, überhaupt nicht gelebt zu haben. Manchmal macht er beim Erzählen riesige Gesten mit den Armen, als sei eine Domkuppel über ihm, die er ausfüllen müsse. Er sagt, er habe mit niemandem in seinem Leben so viel geredet wie mit Gott. Er habe gerungen, gebetet, gefleht, gebettelt, gedroht, Messen gefeiert – und Gott habe nie geantwortet. Nach langen Kämpfen habe er zuletzt intensive Zweifel bekommen, und heute sei alles hohl für ihn. Er glaube nicht mehr, müsse aber manchmal am Sonntag drei Gottesdienste halten. Was er vorbildlich mache! Die Leute seien begeistert über sein Feuer, ließen sich mitreißen, aber er komme sich oft vor wie ein Schauspieler; auch wenn er zuletzt selbst von seinem Pathos davongetragen werde, sei alles hohl.

In der Analyse mit dem unsichtbaren, schweigenden Analytiker hinter ihm haben die beiden, so scheint es mir, ohne es anzusprechen oder gar es zu bemerken, unter anderem genau diese Gottesbeziehung zu einem antwortlosen Wesen wiederholt. Als ich ihm das in der dritten oder vierten Stunde sagte, fiel es ihm wie Schuppen von den Augen. Er fing heftig an zu weinen, war aber auch sehr, sehr wütend.

Nun ist er sehr interessiert zu erfahren, wie sich diese Gottesvorstellung gebildet hat und wie es zu dieser Beziehung seiner Mutter zu ihm kam, zu seiner Sonderrolle als das gerettete und priesterliche Kind. In der Konkurrenz zu seinen Brüdern empfand er seine Rolle als Kleinster als hoffnungslos. Er *mußte* also etwas Besonderes werden. Weil wegen der Brüder und der narzißtisch-inzestuösen Besetzung durch die Mutter kaum eine Entwicklung mit eigenem lebendigen Selbst möglich schien, hat er sich Nischen gesucht, entweder die religiöse Beziehung zur Mutter oder die Phantasie, er sei von Gott zu großen Dingen berufen.

Bei feierlichen Anlässen wie Kommunion oder Firmung, besonderen Gottesdiensten oder Festtagen habe er immer gedacht, jetzt werde Außergewöhnliches passieren und er verwandle sich in einen ganz anderen Menschen. Er klammerte sich intensiv an die Hoffnung, von der eigenen Schlechtigkeit, Wut, Verzweiflung und Wertlosigkeit erlöst zu werden – als würde dann etwas ganz Neues in ihn hineinkommen, das seine Leere in Fülle verwandeln könnte.

Mich erlebt er jetzt so, als könne er es noch gar nicht fassen, daß der Vater heimgekommen ist. Manchmal erschrecke ich ein wenig über die Konkretheit seiner Übertragung: der auferstandene Vater, dazwischen unvermittelt die kontrollierende Mutter. Trotzdem trete ich in sein Leben auch ein als eine völlig neue Person, ein Idealobjekt, sichtbar, lebendig, warmherzig und vielleicht auch auf ihn reagierend, so daß er gesehen und gehört wird und sich als wirklich erleben kann.

Die Motivation zur neuen Therapie

Er komme in Analyse, weil er und seine Frau schwere Probleme miteinander hätten. Seine Frau war zu der Zeit schon bei einer Kollegin in Analyse. Sie hatte immer wieder, auch in seiner Gegenwart, Flirts mit anderen Männern, das habe ihn natürlich ganz verrückt gemacht. Ebenso quält ihn ihr stark flirtender Umgang mit dem Pflegesohn Karl. Er liebt diesen Jungen auch sehr, aber der rückt in dieser abenteuerlichen Konstellation in der immer wieder explodierenden Übertragung an die Stelle des ältesten Bruders, der Vaterersatz bei der Mutter gespielt hatte, mit durchaus erotisierten Formen besitzergreifender Zärtlichkeit wie Brutalität. Bernard hat dann, wie bei den anderen Flirts auch, Phantasien von Gewalt und Rache, denen er sich, wie zum Trost, stundenlang hingeben konnte, vor allem, wenn er verzweifelt in sein Auto stieg und stundenlang Fahrten auf der Autobahn machte, die durchaus in die Nähe suizidalen Leichtsinns gehen konnten.

Er sei ganz aufgeregt, wenn er herkomme zur Stunde. Er ist freudig erregt darüber, daß jetzt eine Beziehung zu einem väterlichen Mann anfängt, und ich denke an eine Fallgeschichte bei Kohut mit der Kindheitserinnerung eines Patienten über die Heimkehr des Vaters aus dem Korea-Krieg, die mit einer kaum zu bewältigenden Erregung verbunden war.

Bernard bemüht sich, intensiv um meine Anerkennung werbend, mir zu zeigen, daß er aus jeder Stunde so viel mitnimmt, wie andere aus zehn Stunden. Er möchte mir also anbieten: ich bin ein Musterschüler und Superpatient. Ich könne ganz zufrieden sein, denn aus jeder Stunde mache er ein »Paradies« oder einen Wundergarten an Wirkung. Er habe irrsinnige Einfälle, interessante Träume, kapiere sehr viel – er spricht wie ein Schwerarbeiter der Psychoanalyse, sozusagen ein Berufener, vom heiligen Feuer Ergriffener; gelegentlich denke ich auch: wie ein Wunderkind, dann wieder: ein Stachanowist, der Sonderschichten leistet. Mir ist in der Gegenübertragung gelegentlich unbehaglich, weil ich mich wie eine Mischung aus realer Person und höherer, wundertätiger Instanz fühle. Die verdeckte Gottesübertragung wahrzunehmen oder gar anzusprechen, bin ich noch zu scheu, obwohl sie bei der früheren Analyse so deutlich zu sein schien, wenn auch zuletzt in einem zerstörerischen Sinn. Als ich seine Bereitschaft zu Wunderleistungen als Patient ansprach, hat er erleichtert aufgeatmet, weil ich ihn dann ja vielleicht auch so akzeptiere, wie er *wirklich* ist, soweit es diese Wirklichkeit eines eigenen Selbst schon gibt. Trotzdem stürzt er sich mit Vehemenz in die Therapie, bereitet vor, arbeitet nach, liest. Er hat sehr viel vorgedacht, sehr viel mit seiner Frau darüber geredet.

Die Auslieferung an das Agieren draußen
Ich habe selten einen Menschen gesehen, dessen lebendiges Selbst in diesem Ausmaß von Rollen, Phantasien, Identifizierungen und verfremdenden Drehbüchern verdeckt oder geradezu aufgesogen war. Er schien in seinem Leben ein Spielball von Kräften, die ihn steuerten oder die seinen unbändigen Handlungsdrang prägten und rechtfertigten. Es ist also bei dieser Therapie immer mitzubedenken, in welchem Maß ein erlaubtes oder gefördertes Agieren in der Therapie das überwältigende Agieren im Leben mildern, ersetzen oder allmählich auszehren könnte. Man könnte die Grundfrage auch so formulieren: Lassen sich die Drehbücher in der Übertragung oder in Rollenspielen im therapeutischen Raum so inszenieren, daß sie ihre erschütternde Dringlichkeit im realen Leben verlieren?

Es geschieht schon nach wenigen Stunden Therapie folgendes: Wie früher mit 20 oder 25 Jahren folgt Bernard Frauen in Kneipen oder fährt in einer Straßenbahn bis zur Endhaltestelle mit, wobei er vorher guckt, ob eine ansprechende Frau darin ist, der er dann folgt; oder er nimmt Tramperinnen im Auto mit in der Hoffnung auf ein erotisches Abenteuer. Er sagt, es sei wie süchtig und zwanghaft. Er laufe diesen Frauen hinterher und wisse, er tue nichts Erwachsenes, sondern werde dazu getrieben. Er wisse sogar mit dem Verstand, daß er gar nicht erfolgreich sein *könne*, vermöge es aber doch nicht bleiben zu lassen. Das Ende sei Scham und Katzenjammer. Dabei habe er, wenn es über ihn komme, Magendrücken, Hungergefühl, Gier und Panik und denke, er müsse sterben, wenn es nicht gleich passiere: Gemeint ist ein erlösendes Erlebnis, das ihn aus einer quälenden Not befreie, die zwar sexuell formuliert

und die dennoch wie ein körperlicher und seelischer Hungertod erlebt wird.
Meine vorsichtige Deutung leuchtet ihm ein: Er habe vielleicht eine ganz schlimme Entwöhnungszeit gehabt, verbunden mit Hunger und Einsamkeit. Er suche auf sexuellem Wege etwas, was damit zusammenhänge. Vermutlich, so seine Antwort, habe die Mutter nach dem Bombenangriff und der Verschüttung abrupt aufgehört, ihn zu stillen. Es wurde von der Verwandtschaft berichtet, daß sie nach diesem Schock ganz verändert gewesen sei. Sie habe nicht mehr an Sieg und möglichen Frieden geglaubt und sei seelisch zusammengebrochen, war phasenweise depressiv und saß erstarrt herum. Er kennt sie hauptsächlich als eine Frau, die immer wieder, auch in seiner Gegenwart, jammert: »Papale, hol'sch mi zu dir heim!« Trotz seiner stützenden Rolle für die Mutter muß er also erleben, daß der Sog ins Jenseits zu dem verlorenen Mann stärker ist. Bei den Messen in der Küche hat er aber auch die magische Größenphantasie entwickelt, er könne die Mutter durch seine religiöse Macht am Leben erhalten.
Nun berichtet er, etwa in der fünfzehnten Stunde, welche besondere Rolle die Brust seiner Frau in den letzten Jahren für ihn gehabt habe. Es sei aber seit zwei Monaten nicht mehr der Fall, daß er sozusagen an der Brust seiner Frau liege. Das Thema hat sich einerseits wieder auf ihm unbekannte Frauen verschoben, andererseits ist deutlich, daß er die Therapie partiell auch schon als nährenden Halt verwenden kann.
Dann schildert er sein Erleben bei seiner Diakonsweihe (er hat das Ereignis zweimal hinausgeschoben aus Angst, es bringe dann doch nicht die große erlösende innere Veränderung). Er habe bei dem Unterwerfungsakt zum Dienst an Gott den magischen Vaterersatz erwartet, spricht in diesem Zusammenhang auch von seinen schweren Selbstwertstörungen, die ihn wie ein seelischer Dauerschmerz begleiteten. Er spüre etwas in der Beziehung zu mir, das diese Lücke allmählich auffüllen könnte. Er fühle aber auch voller Trauer, daß er damit auf die immer noch vorhandenen religiösen Größenphantasien verzichten müsse wie auf die Phantasien einer damit verbundenen plötzlichen und wundersamen Verwandlung. Wir kommen auf biblische Geschichten zu sprechen, bei denen Gott die Prophe-

ten oder Jesus die Jünger vom Acker oder Fischerboot weg berufen habe zu großen Aufträgen. Es wird deutlich, daß seine Kinderjahre sich seelisch nur teilweise in der Realität, sonst aber in den religiösen Phantasien der Mutter wie in den Geschichten der die kinderreiche Witwe umgebenden Priester abgespielt haben.
Er sei vor zwei Tagen wieder einmal als Teilnehmer in einem Gottesdienst gewesen und sei außerordentlich wütend darüber geworden, wie der Priester etwas verspricht, von dem er weiß, daß es nie eintrifft: Frieden, Erlösung, Gnade, Lebendigkeit.

Die Einführung des körperlich präsenten idealen Vaters

Da ich spüre, in welchem Ausmaß der unbekannte Vater auch im Körpererleben eine Leerstelle darstellt, versuche ich die Einführung der Körperarbeit einzuleiten, zunächst durch das wichtige Vorausphantasieren der Möglichkeit von Berührung. Ich erläutere ihm das Konzept der idealen Eltern, wie Albert Pesso* es entwickelt hat, und schlage ihm vor, sich vorzustellen, ein idealer Vater sei gekommen und wisse um seine Sehnsucht und die Dringlichkeit von Berührung und körperlicher Überprüfung seiner Gegenwart. Er würde Körperspiele mit ihm machen, die sein Selbstwertgefühl allmählich nähren, wie Laufenlernen, Halten, Toben, Kämpfen, Schmusen etc. Es fällt ihm sofort die Geschichte vom ungläubigen Thomas ein, der den auferstandenen Christus berühren muß, um an seine Realität glauben zu können.
Dann frage ich ihn, was ich denn jetzt als idealer Vater sagen müsse, damit er annehmen könne, daß ich ihn, so wie er sei, annehme, ohne daß er etwas Besonderes dafür leisten müsse. Darauf er: er wisse nicht, ob er das je glauben könne. Ich schlage ihm zwei alternative Gebärden vor: Ich könne aufstehen und ihm die Hand auf den Kopf legen und sagen: »Ich bin da.« Die andere: Er lege sich auf die Couch, und ich würde ihm meine Hand auf die Brust legen.
Er wird sehr nachdenklich und sagt, beide Phantasien seien sehr schön. Aber die Geste, ihm die Hand auf den Kopf zu legen, sei so verdorben durch Priestergebärden, daß er entwe-

* in: Dramaturgie des Unbewußten, Stuttgart 1986.

der lachen würde oder böse auf mich wäre. Dies war etwa eine Viertelstunde vor dem Ende der Sitzung. Es gab einen starken Impuls von ihm, sich auf die Couch zu legen und diese väterliche Hand zu spüren. Es hat ganz viel in ihm ausgelöst an Vorfreude. Er weint dabei und meint: Es sei etwas *vollkommen Absichtsloses* dabei, wenn er einfach daliegen und die Hand spüren könne.

An dieser ausdrücklichen Betonung des »Absichtslosen« merke ich, daß er quasi *mich* beruhigt über seinen Zustand und seine Motive. Es tauchen vermutlich nicht nur homoerotische Ängste auf und Ängste vor meinen und seinen Übergriffen; auch Ängste vor meiner Angst, und Ängste vor den Verdächtigungen anderer, mit denen ein solches Bild umgeben sein könnte; ebenso Ängste vor seiner Gier, nicht ruhig liegen zu bleiben, sondern sich wie ein Ertrinkender anzuklammern. Diese Tendenz, mich bei manchen neuen Schritten erst einmal zu beruhigen, zieht sich sehr lange durch die Behandlung.

Warum ich den Hinweis auf das »Absichtlose« erwähne: Die Wirkung meines Angebots dieser haltenden oder schützenden Geste war sehr groß. Bernard war zu Tränen gerührt über die Aussicht, daß jemand eine Viertelstunde oder länger neben ihm sitzt und mit der Hand signalisiert: Ich bin da und du bist in Ordnung.

Ich sage, er fühle sich auf der Schwelle zu etwas, was möglicherweise tief eingreifen würde in ihn und ihn auch heftig weinen lassen könnte. Er antwortet, er habe das gleiche Wort in sich klingen hören: »Schwelle«, ein Vorgang, der später öfter vorkommt und sich hier zum ersten Mal andeutet: Wir kommunzieren viel über ähnliche Einfälle und Sprachphantasien. Er sagt: »Jetzt werde ich wohl in kleinen Dosen etwas aufnehmen, was ich immer gehofft hatte, mit einem Schlag zu bekommen. Ich muß also auch Geduld haben, wenn sich das nur einmal die Woche abspielt.« Er spüre aber auch, wieviel er verliere, wenn er sich auf diese unbekannte Beziehung einlasse, anstatt an den oft demütigenden Hoffnungen auf magische Verwandlung festzuhalten.

Er ist sehr ergriffen, daß ihm das jemand anbietet, und ich fühle sehr deutlich, daß mit mir jemand einen inneren Raum bei ihm betritt, der leer war bis auf fromme Bühnenbilder, etwa ein fast leerer Kapellenraum, in dem er wartet auf väterlichen oder göttlichen Besuch. Der ideale Vater wird ihm aber auch erlauben, aus der Kapelle herauszugehen ins wirkliche Leben.

Mit dieser Phantasie – es war ja zunächst nur das *Angebot* eines körperlichen Kontaktes, das er noch nicht in Anspruch nimmt – hat sich die Berührung auf der seelischen Ebene schon symbolisch und quasi vorbereitend vollzogen, zumindest hat sich die Tür geöffnet für den Eintritt des Vaters auch auf realer, physiologischer Ebene in seine Kapellenwelt, doch auch eine Tür, durch die er später hinausgehen könnte. Er sagt, er sei sehr aufgeregt, möchte sich hinlegen und meine Hand erwarten, könne es aber noch nicht. Wir haben es dann so gedeutet, daß er sich noch der inneren Vorbereitung widmen müsse, bis er weiß: Jetzt will ich es; bis er innerlich offen ist, die Berührung aber nicht mehr nur mit einer Wundererwartung erlebt. Er spürt also genau: Vorsicht! Erst die Wundererwartungen wenigstens im Ansatz abbauen und wirklich begreifen: Das geschieht jetzt im therapeutischen Raum einmal die Woche, und es geschieht zwischen zwei Menschen. Da kann ich mir etwas holen. Vielleicht habe ich sogar selbst eine Rückwirkung auf den Vater und kann ihm sagen, was ich brauche oder was er tun könnte.

An dieser Episode läßt sich zeigen, daß oft schon die Phantasie genügt, etwas in Gang zu setzen. Zunächst werden ja manche Vorschläge von mir geäußert, vor allem in der Anfangsphase, und nicht vom Patienten als gefühltes und als berechtigt erlebtes Bedürfnis. Dies kommt erst später, wenn es einen gemeinsamen Arbeitsstil gibt, wenn der Patient gelernt hat, szenisch mitzudenken und mitzusteuern, wieviel Regression und Interaktion er braucht. Es gibt Patienten, die recht bald äußern können: »Würden Sie ein Stück näher kommen, so daß ich Sie sehe.« Oder: »Könnten Sie mir mal die Hand geben oder mir die Hand auf den Kopf legen, oder könnten wir diese Atemübung noch einmal machen?« Sie haben als Kind vermutlich Ähnliches erlebt, können darauf zurückgreifen und haben weniger Angst vor dem Sturm der Gefühle, den die Realisierung auslöst.

Der Beginn der Inszenierungen

In der folgenden Stunde, einige Wochen später, nach der Sommerpause, sagt Bernard zu Beginn, er mache es sich schwer. Obwohl er überzeugt sei, daß zwischen seiner Frau und einem anderen Mann »nichts mehr laufe«, und dies auch mit ihrer Analytikerin abgesprochen sei, peinige er sich mit derartigen Phantasien, aber in sexualisierter Form: Bilder intimer Szenen seiner Frau mit anderen Männern. Er verwende sie als quälende, aber auch erregende Onaniephantasie, sagt aber bald, daß dies eine Vorgeschichte haben müsse. Und die ist die folgende: Der Vater ist ja umgekommen; er hat ihn nie gesehen. Miterzogen hat ihn der elf Jahre ältere Bruder. Der wurde von der Mutter als Gattenersatz benutzt und als Erzieher für den Kleinen. Bernard war immer im Untergrund mit Phantasien beschäftigt über das, was die beiden zusammen haben könnten. Er merkte, daß etwas Aufregendes lief: »Ich mußte abends ins Bett und sie haben laut gestritten oder sind ganz nahe zusammengesessen.«

Ich schlage vor, daß wir von der aktuellen Onaniephantasie weggehen und uns der usprünglichen Szene im Spiel wiederholend zuwenden: Mutter, Bruder und er, abends in der Küche oder im Wohnzimmer. Er wählt die Zweisitzercouch als Mutter und stellt einen der Sesselsäcke als Bruder hinzu. Bei der Vorstellung, daß die Couch die Mutter repräsentiere, sagt er: »Ich sehe diese Couch plötzlich wie einen riesigen Schoß. Es ist ein ungeheures Becken, das einen Sog ausübt.« Er setzt den Bruder dort hinauf und sagt: »Das stimmt so, aber ich möchte dazugehören.« Er will sich dazu setzen, räumt den Bruder weg und setzte sich auf die Couch. Sein Kommentar: »Jetzt sitze ich ja der Mutter auf dem Schoß. Der Bruder ist weg. Aber es ist komisch, ich fühle mich als Frau, riesig und gebärfreudig. In der Realität fühle ich mich oft auch so.« (Später wird immer deutlicher, daß es ihn am meisten erregt, wenn er ausphantasiert, wie er als Frau Männer »anmacht« und von ihnen dann »harten Sex« bekommt. Sexualität und weibliche Identität sind für ihn eng verknüpft.)

Ich war recht überrascht, hatte eine männlich-ödipale Szene mit Mutter und Bruder als Paar erwartet. Es wird ihm aber plötzlich deutlich, daß er sich immer gewünscht hatte, die kleine Braut des Bruders zu sein. Der Bruder hatte ihn oft gedemütigt und ihn wütend spüren lassen, daß er gegen seinen Willen auf ihn aufpassen muß. Bernard phantasierte sich oft in eine Mädchenrolle dem Bruder gegenüber, als er sich von ihm als Junge schikaniert und häufig abgelehnt gefühlt hatte. Er hatte einige Kinderbilder in die Stunde mitgebracht, und auf einem Bild, auf dem er als Dreijähriger abgebildet ist, sieht er blondgelockt und wie ein Mädchen gekleidet aus. Er steht auf, geht zum Fenster, ist nachdenklich und sieht mich fragend an. Meine Phantasie und meine weiteren Vorschläge zielen zunächst darauf, die Situation mit dem Bruder noch einmal zu arrangieren, aber er setzt sich dann der Mutter auf den Schoß, so breitbeinig und in priesterlicher Haltung, daß er wie der magische Penis der Mutter aussieht, aber ins Geistige oder Geistliche gewandt. Ich frage ihn: »Welches Insignium würde Sie als Priester am meisten auszeichnen.« Er sofort: »Der Kelch.« Ich gebe ihm einen Kaffeebecher, den er feierlich wie bei der Wandlung hochhebt. Er sagt: »Der ist ja ungeheuer schwer! Es ist zwar ein leichter Becher, aber ich kann ihn fast nicht halten.« So wird ihm erneut klar, daß er als Kind eine überdimensionale Rolle eingenommen hatte, die ins Priesterliche verschoben war. Mit der geistlichen Rolle verbindet er enorme, auch von Lächerlichkeit bedrohte Größenphantasien. Er ist sehr beeindruckt von dem Gewicht des Kelchs und der Rolle, die er eingenommen hatte. Er fühlt sich sehr erschöpft und leer, als er den Kelch wieder absetzt. Angst, Abwehr und Aufregung zeichnen sich auf seinem Gesicht ab, als ich für ihn einen idealen Vater phantasiere, der die Verstiegenheit der Szene vielleicht auflösen könnte. Er will sich dem Bild in einer Szene stellen. Ich spiele nun die Rolle des idealen Vaters, der nach Hause kommt, die Szene sieht und sagt: »Ich bin von der Szene nicht entsetzt und entwerte sie nicht als lächerlich, sondern erkläre: ›Ich war lange fort, und weil ich weg war, habt ihr diese Inszenierung erfunden, um mit meiner Abwesenheit fertig zu werden. Du brauchst nun aber nicht mehr Priester zu sein, *ich* setze mich zur Mutter und du kannst Kind sein.‹« Ich setze mich auf die Couch und biete ihm an, sich auf den Boden zu setzen und mit dem einen Arm die Mutter zu berühren und mit dem anderen Arm mich. Er lehnt sich mit der Schulter an,

legt den Kopf an uns beide, ruht eine Weile erleichtert aus und meint: »Das stimmt so für mich, aber ich kann es noch nicht fassen.« Es ist eine nahezu schockartig rasche Erlösung von seiner narzißtisch-inzestuösen Rolle, die natürlich noch lange durchgearbeitet werden muß. Dann wird er ganz lebendig und sagt: »Eigentlich möchte ich unglaublich übermütige Sachen mit dem idealen Vater machen, aber das geht ja nicht, weil ich schon so groß bin.« Er gerät also in ein Durcheinander zwischen Regression, Kleinheitsgefühlen und dem Bewußtsein, daß er die Dimensionen und das Gewicht eines erwachsenen Mannes hat. Ich antworte: »Ich glaube, daß es doch geht. Wir könnten symbolisch etwas tun.« Er darauf: »Ich kann doch hier mit Ihnen nicht Hoppe-hoppe-Reiter spielen, das aber würde ich jetzt gerne tun.«
Ich schlage ihm etwas Ähnliches vor. Er setzt sich mit gekreuzten Beinen vor mich hin, ich stelle einen Sitzsack unmittelbar hinter ihn. Dann halte ich seine Hände, ziehe ihn ein Stück hoch und sage: »Sie können sich jetzt mal nach hinten fallenlassen.« Er kann sich jedoch zunächst nicht fallen lassen, sondern kontrolliert die Bewegung, weil er nicht glauben kann, daß ich ihn halte. Nach dem dritten oder vierten Versuch kann er sich darauf verlassen und läßt sich nach hinten fallen, fängt sehr an zu lachen. Ich ziehe ihn dann wieder hoch wie ein Kind, mit dem man Hoppe-hoppe-Reiter spielt, wenn es in den Graben gefallen ist. Er guckt teils ungläubig, teils jubelt er, zieht sich dann auch selber hoch.

(Viel später, als inzestuöse Themen mit Schwester und Bruder schon durchgearbeitet sind, erzählt er mir, daß bei solchen Hoppe-Reiter-Spielen mit der Mutter oft eine eigenartige, lustvoll beklemmende Atmosphäre entstanden sei. Sie hätten das oft gespielt, und bei diesem Hintüber-Kippen habe die Mutter, die selten lachte, ein geradezu verschlingend sinnliches Gelächter angestimmt und seinen Körper fühlbar auch an ihren Oberschenkeln gerieben. Dies war ihm übrigens nach einem Panikanfall auf einer Bergwanderung eingefallen, wo ihn plötzlich zunächst unbewußt, später bewußt die Erinnerung an diese »kleinen Orgien« überfallen habe. Mir scheint deutlich, daß gerade das Glück einer späteren Zweisamkeit mit einer Freundin

in den Bergen ihm diese Erinnerung wieder nahebrachte. Die zweite, oft wiederholte Szene war die: die Mutter las ihm das Lieblingsmärchen vom Wolf und dem Rotkäppchen vor, und er habe sich jedesmal mit lustvollem Schaudern auf die Antwort der Großmutter aus dem Mund der Mutter auf die Frage vorbereitet: »Großmutter, warum hast du einen so großen Mund?« Da habe die Mutter so lustvoll drohend gelacht und grimassiert, daß ihm lustvoll elend wurde und er um endlose Wiederholung bat. Wir müssen beide lachen, als ich vom drohenden »Vernaschen« durch die Mutter spreche.)

Dann sitzt er vor mir und sagt ganz erstaunt: »Wissen Sie was: Ich fühle mich überhaupt nicht gedemütigt, daß ich so vor Ihnen sitze wie ein kleiner Junge. Ich fühle mich so partnerschaftlich. Kann denn das sein?« Ich bestätige ihm: »Es ist auch keine Demütigung. Sicher spielt es eine Rolle, daß ich in der Rolle des idealen Vaters bin.« Nach einer zufriedenen Verschnaufpause wird er aktiver und sagt keck: »So, nun will ich aber mal aufstehen und weggehen«. Er tut es, entdeckt die Spielecke mit den Stofftieren und spielt mit dem Bären und dem Krokodil, wendet sich dann zu mir als idealem Vater: »Es ist so toll, daß du da bist. Dann kann ich unbekümmert spielen.« Jetzt will er größer sein, setzt sich auf die andere Couch und meint wie ein etwa achtjähriger Junge, der aus der Schule kommt, mich dabei zutraulich anschauend: »So, und jetzt will ich mit dir diskutieren und dir etwas erzählen.« Das führt er dann aber nicht aus, sondern setzt sich wieder zu mir und der Mutter vor der Zweiercouch auf den Boden.
Als er vorher beim Spiel sich zurückgelehnt hatte, war er körperlich und seelisch vollkommen offen. Er lag vor mir auf dem Rücken mit auseinander geklappten Beinen und lachte laut und aufgeregt, aber es war ihm auch ein bißchen unheimlich. (Er hatte schon früher Träume gebracht von Flugzeugen, die auf ihn herabstürzen, und von Zügen, die ihn überrollen. Also, er fühlt sich wehrlos weiblich und etwas fährt in ihn hinein oder über ihn hinweg und macht ihn kaputt.) Er lag so da, als könnte ich ihn einfach überwältigen mit meiner Männlichkeit. Ich versicherte ihm: »Egal wie weich oder offen du bist, ich sitze hier und akzeptiere das, aber ich werde nicht in dich

eindringen oder dich überwältigen. Ich werde deine Weichheit nicht benutzen, um von mir etwas in dich hineinzudrücken.« Das nimmt er sehr dankbar auf und sagt: »Dann haben wir ja beide eigene Konturen!« Er setzt sich wieder auf und schaut einfach um sich.

In seinen Träumen landen alle Flugzeuge krachend auf der Erde und kommen zu Schaden. Nur ein kleines Modellflugzeug mit Motor landet sanft. Es war die noch halbbewußte Phantasie, er könnte endlich in seinen normalen männlichen Dimensionen entweder auf der Erde landen, oder die Männlichkeit außerhalb von ihm, früher nur da in Form der bedrohlichen Riesen, könnte ja noch hervorkommen oder zu ihm kommen ohne Katastrophe und ohne Überwältigung.

Sein Initialtraum in der Therapie war – das scheint jetzt noch unzusammenhängend – er müsse zu einer Beerdigung in seiner Gemeinde (er hat oft Beerdigungsträume). Er hat in seiner eigenen Gemeinde noch nie jemanden beerdigt, da sich das der Pfarrer vorbehält und er ja »nur« Diakon ist, nur gastweise in anderen Gemeinden. Er ging im Traum durch einen unterirdischen Gang zum Friedhof. Der Gang endete an einem Berg, aber weit oberhalb vom Friedhof. Dort kam er eine halbe Stunde zu spät aus der Erde heraus, ging hinunter zum Friedhof und absolvierte die Beerdigung. Die Einfälle waren die: Er muß überhaupt erst merken, daß er sich herauswühlt aus der Erde und zu einer eigenständigen Existenz kommt. Seine Träume sind immer sehr nahe an der Bedeutung, daß er beerdigt wird. Ich sage: »Also wäre Ihr eigenes Selbst tot.« Als ich ihm diese meine Phantasie mitteile, stimmt er zu: »Ja, ein früherer Traum war, wie ich meiner eigenen Beerdigung zuschaue.«

Der Zusammenhang zwischen den Träumen und unserer Stunde ist unter anderem der, daß er, als er vor mir saß, sagte: »Ich war ja immer Vater und Sohn in einem, das kann ich!« Er hatte immer das Gefühl, er habe überhaupt kein männliches Selbst, nur die überdimensionale Rolle, die er aufgebaut hat.

Albert Pesso nennt das den magischen Vater, den ein Kind in sich aufrichtet, das zu seinem realen Vater keine Beziehung hat, oder das den schwachen realen Vater in sich ersetzt. Bei

Bernard gehören zu diesem magischen Vater, den er in sich integrieren will: die Priesterrolle, die vier Pflegekinder, die Vaterschaft für 1000 Psychiatriepatienten. Es fehlt die frühe Differenzierung von Selbst und Vater. Bei ihm ist alles verschmolzen: Gott, Jesus, Vater, Sohn, Retter der Mutter, gleichzeitig schwarzes Schaf, Sünder und ein verlorener Mensch, der mit dem Teufel gelegentlich paktieren muß, um nicht unterzugehen. Die grandiose Inszenierung dient auch dem Kampf gegen die innere Leere.

Drei Wochen später, etwa die zwanzigste Stunde
Bernard ist völlig aufgewühlt. Er fängt bald an zu weinen. Er habe wieder mit Selbstmorddrohungen gearbeitet seiner Frau gegenüber. Er schildert, wie hochempfindlich er sei, wenn er das Gefühl hat, daß sie auch nur in Augenkontakt mit anderen Männern oder dem Pflegesohn ist. Er hat ihr angedroht, sie müsse ausziehen, weil er es nicht mehr aushält, daß sie in seiner Gegenwart mit anderen Männern, sogar in den eigenen vier Wänden, flirtet. Die Situation sei für ihn so überwältigend, daß er den 17jährigen Pflegesohn wie früher seinen elf Jahre älteren Bruder erlebe.
In dieser Phase erinnert er sich an den Hausfreund der Mutter, der jedes Wochenende gekommen sei. Wenn der da war, sei die Mutter vollkommen verändert gewesen. Er hat aber dieses Verhältnis nie durchschaut. Er nimmt an, daß es nicht sexuell war, aber er weiß es nicht. Jedenfalls mußte er immer am Freitag abend stundenlang mit den beiden Karten spielen und wunderte sich, warum dieser Mann zu ihm so aggressiv und lieblos war, obwohl er ihn potentiell gemocht hat. Es wurde deutlich, daß die Mutter sich zwar über Jahre hinweg die Werbung hat gefallen lassen, aber sich wohl nicht getraut hat, mit dem Mann eine intime Bindung einzugehen. Außerdem hatte dieser Mann eine krebskranke Frau, so daß alles in einer undurchschaubaren Schwebeatmosphäre blieb. Davon erlebt er nun etwas. Er empfindet seine Frau als völlig verändert, sobald andere interessante Männer auftauchen. Wenn er selbst von einem Spaziergang heimkomme oder wenn es aufs Wochenende zugehe, gerät er in Panik.
Bei einem Streit wäre es beinahe wieder zu Gewalttätigkeiten

gekommen. Sie verletzen sich dann dermaßen gemein, weil sie genau wissen, wo sie ihre verwundbaren Stellen haben, als wären sie osmotisch offen füreinander und pumpten ihr Gift von einem zum andern.

Wenn er mit seinen Gefühlen in die Nähe des Jähzorns gerät, ist seine Frau völlig eingeschüchtert, weil sie fürchtet, es könne jederzeit zu einem tätlichen Ausbruch kommen. Sie geht in lauter Projektionen unter und weiß dann letztendlich nicht mehr, wie sie sich zu Bernard verhalten soll. Die Wirklichkeit der Gefühle und der Gesten ist gar nicht mehr greifbar, weil sie durch den Druck der Projektionen von beiden Seiten verzerrt wird. Die beiden Partner deformieren einander derart, daß sie wechselseitig in ihre dämonisierenden Ängste hineinpassen. Das geht nun schon seit zehn Jahren so. Sie hat derzeit kein intimes Verhältnis mehr zu einem anderen Mann, aber Bernard ist, vielleicht verständlicherweise, noch so mißtrauisch, so verhörend und anklagend, daß sie immer grübelt, tiefer forscht und sich fragt, ob sie vielleicht doch noch verliebt in jemanden ist, wenn Bernard das mit solcher Überzeugung behauptet. Es gebe für sie keine klare Realität mehr, sie löse sich einfach auf. Und beide denken dann: »Jetzt fangen wir an zu spinnen. Keiner weiß mehr, was los ist.«

Er weint am Anfang der Stunde, sieht mich an mit dem Leidensblick eines halbjährigen Kindes und sagt: »Helfen Sie mir. Ich bin ganz aufgewühlt, ich muß da heraus. Ich muß Halt finden. Aber jetzt flehe ich Sie an wie damals mein Mutterle.« Meine Antwort: »Ja, dann bin ich aber kein Mann mehr?« »Nein, einen Mann kenne ich ja nicht.« »Ich bin aber einer. Ich habe das Gefühl, Sie sind jetzt so aufgelöst und verunsichert, und es ist in der Wiederholung vielleicht die Zeit, als durch die Todesnachricht vom Vater die Mutter ins Chaos geriet und Sie auch. (Damals war er ein knappes Jahr alt). Es gibt eigentlich abgesehen von einer aufgewühlten und depressiven Mutter und den älteren Geschwistern für Sie keinen Halt. Es ist kein Mann da.« Er schweigt lange Zeit verwirrt und scheint sehr zerbrechlich.

Nach etwa einer Viertelstunde sage ich ihm: »Ich empfinde Ihre Verwechslung von mir mit der frühen Mutter als so gravierend, daß ich denke: Auch Ihr Körper zweifelt, ob es für Sie überhaupt einen Mann geben könnte, der Halt bietet; in mir kommt immer mehr die Phantasie hoch, daß Berühren sehr wichtig wäre als alternative Erfahrung, damit Sie einmal spüren können, es gibt – gerade wenn Sie sehr regrediert sind – in Ihrer Nähe einen Mann.« Er sagt, er habe ganz diffus ähnliche Vorstellungen gehabt. Meine inneren Bilder kamen also seinen Phantasien entgegen.

Er legt sich seitlich auf die Couch. Ich setze mich so zu ihm, daß er sich um mich herumlegen kann. Er traut sich kaum, mich mit den Knien zu berühren, hängt aber einen Arm eher wie tröstend um meine Schulter. Es gibt drei Impulse in ihm: Mich zu schonen und nicht richtig zuzufassen; vorsichtig zu tasten, ob es mich gibt; und mich zu streicheln wie zur Beruhigung. Ich spreche es an. Darauf er: »Das gibt es doch gar nicht, Sie sind es, und ich darf Sie anfassen. Darf ich auch tasten?« Als ich bejahe, ist er vollkommen erstaunt, wie sich der Körper eines Mannes anfühlt. Er fängt an zu tasten, macht eine Pause, schließt die Augen, traut sich kaum zu gucken, blinzelt nur durch die Augenschlitze, und ganz allmählich kann er zulassen, daß da jemand ist, der keine Angst vor ihm hat, der eine ruhige Stimme behält, der ihm zuzwinkert. Er sagt wieder: »Ich kann es aber gar nicht fassen, das gibt es doch gar nicht.« Erst als er beginnt, den Kopf gegen meinen Oberschenkel zu drücken, fängt es an, halbwirklich zu werden für ihn. Zunächst sucht er einfach nur Trost, wobei es zunächst noch, trotz der erkennenden Phantasie, fast gleichgültig ist, ob ich Mann oder Frau bin, d.h. ich bin einfach ein Schutzobjekt. Aber ich wollte, er solle zu spüren anfangen, daß ich ein Mann bin. Er bat mich, ihm Zeit zu lassen, da er es noch nicht fassen könne; aber es sei irgendwie wunderbar und auch bedrohlich.

In den letzten fünf Minuten, als ich merke, er kann ein bißchen väterliche Männlichkeit von mir zulassen, schlage ich ihm vor, er möge sich hinter mich knien und seine Arme um meine Brust schlingen. Das kann er zunächst noch nicht mit voller Kraft, aber er tut es dann doch intensiv, als ich ihn ermuntere und von »halber Kraft« spreche, und fängt dann unglaublich an zu drücken und zu schnaufen, wie wenn ein erstauntes kindväterliches Ur-Liebesverhältnis mit kämpfender Nähe oder

liebevoller Gewaltsamkeit beginnt. Er ist zum Schluß ganz ruhig, aber auch erschüttert über das Ausmaß des Neuen, was da beginnt; ihm ist auch schwindlig und taumelig, als er aufsteht. Er geht ganz zufrieden weg.
Zwei Tage später treffe ich ihn in der Stadt, wo er zum Einkaufen war, und frage, wie es ihm gehe. Es gehe ihm gut, er merke aber, daß er Zeit brauche, um das Neue zu integrieren. Er schreibe sehr viel auf.

Das Trauma des Mißbrauchs und die Angst vor der Erektion
Drei Wochen später
Bei manchen Patienten ist es ganz wichtig, daß sie in Anwesenheit des Therapeuten sexuelle Gefühle spüren können. Es ist wichtig, daß sie lernen, sie zu erleben, und ebenso wichtig, daß dies in Anwesenheit eines bedeutsamen Menschen geschieht, der die Gefühle legitimiert, validiert und enttabuisiert. Manchmal bereitet sich dies natürlich erst sehr heimlich vor, bis es ausgedrückt werden kann oder vom Analytiker erschlossen wird. Es muß dann eine deutliche Erklärung geben: »Ich bin hier in einer Elternrolle, aber es ist selbstverständlich, daß Kinder sexuelle Gefühle haben und sie gelegentlich auch zeigen und in Anwesenheit der Eltern erleben dürfen.« Das kann so weit gehen, daß Patienten auch bei einer Berührung und Umarmung sexuelle Gefühle spüren können. Es geht aber auch so, daß sie etwa auf einer Schaumstofflehne reiten. (In rein verbalen Analysen kann die untergründige Sexualisierung des Klimas viel schwerer zu spüren und anzusprechen sein.)
Damit kann ich ihnen zeigen, daß diese Empfindungen da waren, wenn sie als Kinder etwa auf dem Steckenpferd oder auf dem Schaukelpferd ritten oder auf dem Treppengeländer, oder dem Schoß der Eltern. Oft sind die Empfindungen lustvoll, aber zugleich verboten, heimlich, peinlich oder ängstigend, ja unheimlich. Manchmal muß ich mich bei der Inszenierung abwenden, damit sie es ohne Zuschauer probieren können. Das größte Glück ist aber, wenn sie die Gefühle haben dürfen und mir dabei in die Augen schauen können. Man kommt auf diese Weise oft sehr rasch an Mißbrauchsszenen heran, die sonst tief vergraben sind.

Als Bernard auf der losen Schaumstofflehne reitet, passiert folgendes: Weil er so tief einsinkt auf dem Boden, fühlt er sich kindhaft klein, und ich bin, wie er es ausdrückt, »der große Meister.« Das führt zu einem – auch in den nächsten Tagen anhaltenden – Zustrom von Gefühlen von Kleinsein und enormen Demütigungen, verbunden mit sexuellen Gefühlen. Er reitet dann noch einmal auf zwei aufeinandergestellten Polstern, wo er etwas höher sitzt. Dabei kommen ihm plötzlich die beiden Schaumstoffkissen wie die Summe seiner Sexualität vor, die ihm überwältigend groß und übermächtig erscheint. Er wiederholt und wiederbelebt das unheimliche Gefühl des Kindes seiner Triebpotenz gegenüber. Es kommt ihm vor, als hätte er eine Kraft in sich, die er noch gar nicht fassen und bewältigen kann – um so mehr, als sie verbunden ist mit dem ebenfalls nicht integrierten Demütigungs- und Kleinheitsgefühl, das ihn an den großen Bruder bindet.
Ich versuche nun, ihm dabei zu helfen, dies einzugrenzen und ins Ich aufzunehmen, aber auch in meiner Gegenwart freier zu zeigen. Wir machen folgendes kleine Experiment (Pesso macht das meistens mit zwei oder vier Helfern): Ich stelle mich neben ihn und halte ihn um Brust und Rücken. Dabei will ich ihm ermöglichen, das volle Schwingen mit dem Becken zu erleben, also das Stoßen und Zeigen der Kraft des Beckens, wie kleine Kinder es oft tun.
Als ich das tue, bricht er nach relativ kurzer Zeit ab und sagt, es überschwemme ihn, es sei noch zuviel. Für mein Gefühl war das, da ich etwas puschend war, eine sehr geglückte Selbstdosierung. Er sagt: »Da ist einfach so unheimlich viel in meinem Körper, was nicht gezeigt werden darf, daß mir diese Bewegung jetzt noch zuviel ist. Wir müssen kleinere Schritte machen.« Es kam für mich überraschend, da er wieder ganz ruhig integriert schien. Es war am Ende der Stunde. Er bekommt dann Kopfschmerzen, wirkt etwas verwirrt.
Einen Tag später, an einem Samstag, ruft er mich ziemlich hilfsbedürftig an und sagt unter Tränen, er müsse einfach kurz mit mir darüber sprechen: Die Szene habe einen Abgrund von Erinnerungen und Einfällen ausgelöst, wie er real oder in seiner Phantasie oder in einer Mischung von beidem (das könne er noch nicht genau unterscheiden) sexuell mißbraucht worden

sei. (Hier bin ich vermutlich zu rasch vorgegangen, aber Bernard ist in der Lage, mein Inszenierungstempo zu bremsen.)

Eine Woche später
Ich komme ins Haus und sehe Bernard ein bißchen zu früh im Wartezimmer der Gruppenpraxis sitzen und sage spontan: »Da sitzt aber ein armer Sünder.« Er hockt zusammengekauert und bleich mit verquollenem Gesicht da, sieht wirklich elend aus. Als er hereinkommt, sagt er, es sei so unheimlich viel in ihm, er könne es gar nicht alles fassen: die Überschwemmung durch die frühen Demütigungen, dann die Phantasie, bzw. die Erinnerungen an den sexuellen Mißbrauch, die so über ihn hereingebrochen waren.
Es stellt sich zusätzlich heraus, daß ihn das Ganze auch mit weiteren Größenphantasien konfrontiert hat. Er fühlt sich nämlich dadurch massiv gedemütigt, daß ich ihm etwas beibringen will, und damit kommt eine neue Dimension der Bruder- und auch Lehrerübertragung ins Spiel. Zweitens hatte er die Phantasie, daß ich ihn nicht eingrenzen könne im Stehen neben ihm. Damit hat er recht! Es kommen archaische Größen- und Rachebilder hoch, die mit seiner als übermächtig und destruktiv erlebten Sexualität verbunden sind. Er erzählt Phantasien, wie er Frauen so lange durchvögelt, daß sie hinterher keinen Piep mehr machen: dann wären seine Demütigungen ein für alle mal gerächt. In diesen Phantasien spielt auch destruktive, verstümmelnde Gewalt eine Rolle: daß er Frauen die Brüste abschneidet oder mit Messern auf sie losgeht und ganz lange zusticht.
Er hat Bilder gemalt und mitgebracht. Auf einem Bild ist eine nackte Frau mit riesigem Busen zu sehen, ein symbolisches Urweib; und auf dieses Weib hatte er Speisen gemalt, die er mit Messer und Gabel auf Bauch und Brust der Frau zerschneiden und essen wollte. Die Frau sollte dabei dienstbar sein als eine Art Tisch. Die Phantasien waren sehr wuchtig, und ich anerkenne seinen Mut, sie mir preiszugeben.
Wenn er nachts onaniert, hat er Phantasien, daß er seinen Penis in der Hand halte wie eine Gottheit und er auf diese Weise auch direkt verbunden ist mit Gott. Sein Gott war übermächtig, unerreichbar, und er hat seinen Penis so erlebt, als ob er

auch etwas Göttliches hätte – aber möglicherweise ist er auch mit dem Teufel liiert. In meinem Geist ziehen auch Bilder vorbei von Adam und Eva und der Versuchung durch die Schlange mit dem Versprechen: »Ihr werdet sein wie Gott.«
Er überläßt sich dann der Phantasie, es passiere ein Riesenunglück, und er steuere mit seinem Penis in der Hand in der ganzen Gegend die Rettungswagen. Er hat einen »Steuerknüppel« und einen Sender und dirigiert auch die Rettungshubschrauber. So kann er seit Jahren nachts stundenlang liegen und sich an der Größenphantasie trösten, daß er der heimliche Retter aller Verletzten ist. Seine Identifikation mit Gott, Christus oder sich selbst als dem großen Berufenen ist mit seinem »Marschallstab« verbunden. Er versucht wie in einer Privattheologie Penis und Religion zu verbinden und ist der geheime Lenker des Verkehrs der Menschen, in seiner realen und sexuellen Bedeutung. In anderen Phantasien fährt er Auto und nimmt Anhalterinnen mit, die schwarze Lederkleidung mit kurzem Rock, hochhackigen Schuhen und schwarzen Strümpfen tragen. Er lädt sie ein, bumst sie im Auto und wirft sie dann hinaus.
Seiner Frau gegenüber spürt er wieder die Versuchung zur Gewalt. Sie rächt sich durch unglaubliche Demütigungen. Wenn er wütend ist, muß er sich sehr zurückhalten, sie nicht zu verprügeln. Gleichzeitig rennt er immer wieder aus dem Haus und droht, sich vor den Zug zu werfen, um sie zur Sorge um ihn oder zu Zärtlichkeiten zu zwingen. Er sagt, er fühle sich dann wie ein Atomkraftwerk, wie ein Vulkan voller Explosionen, das könne überhaupt niemand mehr eingrenzen, höchstens der Tod, und dies erklärt auch zum Teil sein Dauerthema der Todesnähe: es ist nicht nur Depression und Hoffnungslosigkeit, sondern der Versuch, die drohende Gewalt zu bannen.
Er bringt noch einen Traum: Er sitzt oben auf einem Hochhaus. Es zieht eine vollkommen düstere, gewitterartige, gefährliche Bewölkung auf – wie ein Symbol dessen, was ihn im Inneren bedroht. Plötzlich taucht über den Wolken ein riesiges Flugobjekt auf, das einem Walfisch oder einem Zeppelin gleicht. Er sieht es und fühlt sich enorm getröstet, weil es etwas Mächtigeres gibt als ihn. Aber er kann noch nicht benennen, was es ist.

Er hatte zu seiner Beruhigung zwei Zeichnungen gemacht, wo er mit den Buchstaben meines Namens je ein Mandala gemalt hat, so daß der Schluß nicht allzu schwer war, inmitten seiner destruktiven Sexuellen- und Größenphantasien scheine etwas aus meiner Person als das Rettende auf – eine schwebende Ursubstanz, die er mit Buchstaben und Zeichen bannt, wie bei den Felszeichnungen und Inschriften uralter Stämme.
Er habe so viel Kraft, er könne dreimal am Tag onanieren und fühle sich irrsinnig mächtig. Nach der Ejakulation sei er aber abgrundtief traurig, depressiv, habe plötzlich nicht mehr das Gefühl, etwas geleistet zu haben, sondern fühle sich tot. Er hat also nur wieder den sexuellen Machtrausch erlebt, aber nichts damit bewirkt.
Es wird dann vollkommen klar, daß er nie liebevoll eingegrenzt worden ist, sondern von Bruder und Mutter eher mit Schlägen, Drohungen und Erpressung. Das erkläre ich ihm. Ich setze mich dann zu ihm auf die Couch und mache den folgenden Vorschlag: er liegt zu mir gewandt auf der Seite. Zwischen seine Hüften und meinen Rücken lege ich ein Kissen und sage, er möge versuchen, mich mit der Kraft der Hüften von der Couch hinunter zu stoßen. Die Wirkung ist überwältigend, wie ich es noch nie erlebt habe: Dieser von seinen Phantasien Geängstigte, Gepeinigte, heute wie ein verknitterter Säugling aussehende Mann, der wegen seiner verstopften Bronchien außerdem ganz gequält redet, stößt mit wilder und verzweifelter, aber auch lustvoller Kraft gegen meinen Rükken, so daß ich mich mit den Beinen gegen den Boden stemmen und mich mit den Händen an der Couch festkrallen muß. Nachdem er das Stoßen fünf Minuten probiert hat und immer wieder fragt, ob ich noch da sei, ob ich nicht kaputtgehe, ob ich nicht weiche oder fliehe, – dieser Mann wütet und bumst mit dem ganzen Körper und kann es nicht fassen, daß seine sexuelle Gewalttätigkeit auf freundliche väterliche Grenzen stößt. Dabei ist die Sexualität nur ein Teil seiner gewaltigen Energie, es ist auch Bewegungslust und Kampfgeist dabei. Allmählich hellt sich auch die Stimme auf. Er fängt an zu lachen und sagt: »Mensch, Sie weichen ja nicht. Und ich bin nicht einmal sauer.« Es ist ein Jubel für ihn. Er sagt, sein Gefühl für sein Gesicht habe sich verändert, seine Stimme sei anders, sein

Atem sei tiefer. In den Kampfpausen liegt meine Hand auf seiner Brust. Als wir es dann umgekehrt ausprobieren – er liegt jetzt mit dem Rücken zu mir – versucht er mich mit dem Hintern von der Couch zu stoßen, und hat dabei den Eindruck, noch mehr Kraft zu haben. Zunächst meint er wieder, er dürfe nicht alle Kraft anwenden, weil ich sonst herunterfallen und mich nicht halten könne. Es ging dann aber doch, und es wird ein großer Spaß für ihn wie für mich. Er verabschiedet sich mit einem Kraftgefühl aus dieser Stunde, aber auch mit dem erlebten Wissen: da ist ein väterlicher Körper, der seine volle Wucht aushält.
Während der Stunde berichtete er noch, daß er immer auf Vatersuche gewesen sei als Junge. Aber die Haupt-Väterfiguren (ein Pfarrer und Lehrer) hatten immer auch eine magische, ihn ängstigende Macht über ihn. Ein Pfarrer hatte ihn als Schüler oft frühmorgens zum Wassertreten eingeladen. Er hatte nie »nein« sagen können, obwohl er spürte, irgend etwas stimmte nicht in der Beziehung. Die Unfähigkeit, nein zu sagen, begleite ihn bis heute, als ein bedrückendes Rätsel. Er müsse den Umgang mit manchen Menschen nur deshalb meiden, weil er in Gefahr gerate, Dinge für sie oder mit ihnen zu tun, die er gar nicht wolle. Er berichtet dann noch von einem 16jährigen Jungen, der ihn, als er fünf oder sechs war, mit ins Bett nahm und ihn zwang, an ihm herumzuspielen, und der an ihm herumfummelte. Dies waren die ersten erinnerten Szenen, als er völlig passiv und hilflos einem mächtigen Mann ausgeliefert war und sich mißbrauchen lassen mußte. Möglicherweise handelt es sich hier sogar um einen Bruder, den er noch schützt.

Wie Albert Pesso immer wieder betont und inszeniert, kann jedes Gefühl, das nicht durch die Eltern validiert, in der Interaktion geortet und eingegrenzt wird, übermächtig werden, sich bedrohlich anfühlen und Angst machen. Es enthält eine magische Potenz mit Katastrophenphantasien bei seiner vollen Realisierung. Deshalb stellt er haltende Figuren oder ideale Eltern zur Verfügung, die zum ganzen Ausdruck des Gefühls ermutigen, aber den Patienten so halten und eingrenzen, daß er kein Unheil anrichtet und spürt: Sie sind meinem Gefühl gewachsen und helfen mir beim Umgang mit ihm.

Die erste Phase der Straferwartungen

Drei Tage später

Wir haben, nachdem die Finanzierung geklärt ist, jetzt zwei Wochenstunden vereinbart. Bernard kommt in die etwa 25ste Stunde mit seinem typischen »Ohrfeigengesicht« des Schuljungen aus der letzten Bank. Man ahnt, er hat etwas angestellt. Er wirkt trotzig und bockig und scheint zu fürchten, daß es Strafe gibt. Er hat sehr oft bedrängende Schuldgefühle und deutet an, daß er oft zwanghaft zur Beichte gehen mußte, um wieder, freilich nur für kurze Zeit, rein zu werden. Denn die nächste »Selbstbefleckung« drohte oft schon wieder nach Stunden. Die Schuldgefühle bezogen sich aber heute »nur« darauf, daß es ihm besser ging – dann aber blühen auch seine Größenphantasien.

Er erzählt einen Traum: Er muß zum Amtsgericht, aber das Amtsgericht ist baufällig, mit einem Gerüst versehen, und die Richter sind alt. Bei der Erzählung leuchtet eine scheue, diebische Freude auf seinem Gesicht. Immer wenn sich sein lebendiges Selbst zeigt oder ein Stück Kraft, dann bekommt er Angst vor dem Gericht oder vor Strafe. Er galt als Kind als extrem schwierig und böse. In diesem Zusammenhang ist das Gespräch mit seinem Bischof als Rollenspiel in einer früheren Stunde wichtig. Es ging damals um einen Konflikt in der Anstalt, bei dem der vorgesetzte Priester sich über seine Eigenwilligkeit beklagt hatte wie über seinen mehr therapeutischen statt konventionell religiösen und tröstenden Umgang mit den Kranken.

Wir teilten den Bischof auf in die eher negativ getönte Amtsperson und den Menschen, der Gefühle und Verständis haben darf. Dem idealen Teil des Bischofs gab er im Gespräch auch Züge von mir. Er lernte damit zum ersten Mal eine Autorität kennen, die auf seiner Seite steht, zwar nicht alles duldet, doch überlegt: Was ist ursprünglich Bernards gute Absicht bei seinem Handeln gewesen, und was möchte er erreichen? Denn selbst wenn er wilde Größenphantasien äußert, auch über die Umstellung der Seelsorge auf therapeutische Zuwendung, gehe ich davon aus, daß dem sinnvolle und gutgemeinte Gedanken zugrunde liegen.

Er hat nun in einem sich wiederholenden Tagtraum dem Bischof für sein schwieriges Amt Supervision erteilt. Er tue ihm leid, weil er nicht aus seiner Rolle ausbrechen könne. Das inszenieren wir in der Stunde. Er spaltet den Bischof auf in die ideale Person und den Funktionsträger. Es war ein sehr nahes Gespräch, in dem er vom »idealen Bischof« gesehen und verstanden wurde. Bernard war mit großer Dankbarkeit dabei, sich authentisch zu fühlen. Er hat dabei das Gefühl, daß ich als Regisseur und unterstützendes Ich sein Beistand bin und ihm helfe, seine Gefühle in Worte zu fassen.

Ein neues inneres Objekt: der verstehende Bischof
Da der reale Bischof für ihn beruflich wie in seinen inneren religiösen Prozessen eine wichtige Figur ist, also real wie projektiv, eignet er sich durch eine abstrahierende Verdichtung als »idealer Bischof« gut für die Herausbildung eines Kerns für eine neue innere Instanz, mit der er sich in positiver Weise auseinandersetzen kann, was er zur Stärkung seines lebendigen Selbst benutzen kann.

Psychisch gesehen hatte er in diesem Gespräch ein realistisches Ziel: nämlich sich einen Freiraum und einen wohlwollenden Zeugen zu schaffen für seine Reifung. Er verlangte vom Bischof die Berechtigung für sein seelisches Wachstum, auch wenn das zu Konflikten mit dem erstarrten Vorgesetzten führen sollte. Der Bischof fungiert dabei eher als innere Figur, in der sich Überich, Ichideal, Institution und die Hoffnung auf Menschlichkeit verdichten. Bei der Intensität seines Ringens um Zustimmung für sein Wachstum fällt mir Jakob ein, der mit dem Engel des Herrn ringt. Bernard ist dankbar für das Bild, vor allem, daß ich es als ein Ringen um Freiheit in der Beziehung deute. Er wird später noch auf sehr ernüchternde Weise real der »Amtsperson« im Bischof begegnen.

Vier Tage später
Bernard erscheint, nachdem ihm eine Patientin von mir beim Hinausgehen auf der Treppe pfeifend begegnet war. Ich hatte die Stunde um fünf Minuten überzogen, und Bernard blitzt mich an, frech, herausfordernd, schelmisch, augenzwinkernd: Er habe »die Frau« herunterkommen sehen.

Beim Versuch, über seine Gefühle zu sprechen, ist er plötzlich scheu, wie aus Angst vor Bestrafung und Zurückweisung. Denn er baut ein neues Ich-Ideal in mir auf: daß ich eine glückliche Sexualität und Beziehung hätte; daß er durch mich lernen könnte, das irgendwann selbst zu finden. Er lasse seine Frau sexuell jetzt ganz in Ruhe und habe beschlossen, mit Sexualität zu warten, bis er es von mir gelernt hätte. Dabei gebraucht er Worte, als handle es sich darum, durch geduldiges Zusehen (aber natürlich ist gemeint: Identifizieren) das väterliche Handwerk zu lernen. (Das in ihm errichtete Ichideal hat ihm übrigens später geholfen. Er hat eine schwierige Scheidung auf faire Weise hinter sich gebracht und ist wieder und heute (1993) »rundherum« glücklich verheiratet.)
Dann gesteht er aber gegen Ende der Stunde, daß er auch sauer sei auf mich, weil ich es hätte und er noch nicht. »Jetzt fühle ich mich zum ersten Mal frech.« Es war das erste Mal, daß er sagen konnte, wie wütend er auf mich sei. Er fühle sich zur Zeit wie 17jährig und lerne zu flirten, unter anderem mit den Schwesternschülerinnen in der Anstalt.

Drei Tage später
Bernard platzt fast vor Freude. Mit seiner Frau gehe es besser. Er lerne zu unterscheiden zwischen seiner Kleinkindsexualität und den damit verbundenen Anklammerungswünschen, und der männlichen, noch nicht gelebten Sexualität. Aufgrund des »Gesprächs« mit dem Bischof wolle er jetzt auch seine Gottesdienste liturgisch und inhaltlich anders gestalten. Er kommt dann in eine etwas manische Aufgeregtheit, spürt wieder seine noch ungerichtete Kraft, setzt mich auch unter einen leichten Erwartungsdruck, was wir jetzt mit seiner Energie inszenieren könnten, um ihr Form und Beziehung zu geben.
Er drückt zunächst mit dem Kopf ein Kissen gegen meine Brust, wonach er viel jugendlicher aussieht. Dann drücken wir Stirn an Stirn. Er sieht danach zum ersten Mal »komponierter« aus, seine Gesichtszüge wirken geordnet, und er sagt, er habe sich zum ersten Mal mit mir auf gleicher Ebene gefühlt.
Ganz keß fragt er mich dann, warum ich mit ihm keine klassische Analyse mache. Das neue Setting sei für ihn ganz wichtig, aber es fehle ihm doch der Segen der anerkannten analytischen

Tradition. Was wir machen, ist sozusagen eine unkirchliche Variante von Psychoanalyse. Die Verbindung ist die: Sein Supervisor bei seiner kirchlichen Ausbildung in seelsorgerlicher Gesprächsführung hatte ihm vor Jahren gesagt: Es könne nur klappen, wenn Gott als schützender Dritter immer zugegen sei. Dieser Glaube ist zwar bei ihm schon längst zusammengebrochen. Aber jetzt befindet sich dort, wo vorher der Glaube war, ein Hohlraum, Leere und Angst. Und geblieben ist in der Therapie das Diktum des Lehrers, ins Analytische transportiert: Wenn Freud nicht anwesend ist, liegt kein Segen über dem Gespräch. Ich kann ihn beruhigen: es sei eine ausreichende Portion Freud im Raum, aber mit Orthodoxie sei ihm vielleicht nicht so gut zu helfen. Wir müssen beide lachen, und er ist erleichtert, daß er sich nicht einer bestimmten Methode unterwerfen muß.

Auf den Anfang der Stunde (das Kopfstoßen) zurückkommend bemerkt er, es sei wichtig gewesen, daß mein Gesicht, meine Augen immer freundlich gewesen seien, trotz des Kampfes. Es scheint, als ob durch diesen eingrenzenden Kampf die Verbindung von seiner manischen Abgehobenheit zu seinem Körper hergestellt wurde. Seine Kraft wurde in der Begegnung geortet. Die Körperübertragung ist die: Ein starker Vater hält seinen stürmischen Bewegungsdrang aus. Daß er sich »auf gleicher Ebene« fühlt, heißt nicht: erwachsen und altersgleich. Sondern er fühlt sich als kindliche Person in der Regression gewürdigt. Natürlich spürt auch der Erwachsene in ihm, daß wir immer einen erwachsenen Therapiekontrakt haben.

Eine Woche später

Bernard hatte seine Frau doch wieder mit sexuellen Wünschen bedrängt. Der Rückfall wurde für ihn ausgelöst dadurch, daß die Therapeutin seiner Frau bei einem Vierergespräch schwarz gekleidet war. Das brachte einen Rückfall und alte Übertragungen wieder hervor. Daß seine Frau (in Identifikation mit ihrer Therapeutin, mit der sie ihrerseits ein wenn auch wildes erotisches Ideal aufgerichtet hat) schwarze Kleidung und dann auch noch schwarze Reizwäsche trägt, macht Bernard geil und mörderisch, wie er sagt.

Dabei ist wichtig zu erwähnen, daß wir angesichts des Dauerkrieges in der Ehe, auch angesichts der vier Pflegekinder, einige Paargespräche mit den beiden Therapeuten vereinbart hatten, auch um zu verhindern, daß die Eheleute uns wie Bündnispartner im Kampf benützen. Dies ist das zweite Vierergespräch gewesen, das ich mit einem Ausflug ins Elsaß verbinde. Die Paargespräche machen es später wohl auch möglich, daß die Trennung sich in einigermaßen zivilen Formen vollzieht. Die beiden jüngeren, aus Chile stammenden Pflegekinder bringt er später übrigens einige Male auch in die Praxis mit, wenn er die Fahrt zur Stunde für sie mit einem Ausflug in die fremde Stadt verbinden möchte. Sie spielen oder lesen dann im Wartezimmer.
Bernard sagt, die Versuchung zur Gewalttätigkeit überkomme ihn in Bruchteilen von Sekunden. Es sei ihm unheimlich. Er will in seiner Zerknirschung und Resignation mit Kohut belegen, daß er zu verrückt sei, um therapiert zu werden.
Er hat seine ältere Schwester inzwischen über seine frühe Kindheit befragt. Ein gutes halbes Jahr nach seiner Geburt geschah die Bombardierung und Verschüttung im Zusammenhang mit dem Vorrücken der Alliierten in Frankreich. Wenige Wochen später erfuhr die Mutter vom Tod des Vaters. Das erste halbe Lebensjahr war ein Besatzungs- und Kriegshalbjahr. Ich sage ihm: »Mitten in Angst, Nähe und Anklammerung im Keller kam die Bombe oder Granate, und das Haus fiel über allen zusammen, Ihre Betreuerin war tot. Dieses Trauma wirkt so, daß Sie es in der Identifizierung mit dem Flugzeug oder der Bombe endlos wiederholen müssen. Sie und Ihre Frau spielen also Nähe, Krieg und Bombe in einem.« Er hatte dann in der Viererrunde für sich formuliert: »Wenn es drei Tage ruhig ist zwischen uns zu Hause, höre ich sozusagen Sirenen, und dann gibt's wieder Krieg in der Ehe.« Er verhält sich dann so, als würde eine Bombe ins Haus einschlagen. Das leuchtet ihm sehr ein. Von da an war er entspannt, weil er weiß, daß er immer wieder die Bombe und die herabfallende Decke spielen mußte und vielleicht noch muß. Dieses erschütternde Wissen gibt ihm Hoffnung auf ein Ende der Wiederholungen.
Es stellt sich aber beim Thema »schwarz« noch ganz etwas

anderes heraus: Er reagiert sehr stark auf schwarz. Er war selbst bis zum siebten Ehejahr vorwiegend schwarz gekleidet, obwohl er als Diakon nicht in diesem Ausmaß dazu verpflichtet gewesen wäre. Ab dem neunten Lebensmonat, seit der Todesnachricht, war die Mutter nur noch schwarz gekleidet. Nach der Zerstörung des Hauses wohnte die Familie ein Dreivierteljahr in einer kleinen Stadt bei einem Priester im Pfarrhaus. Die Mutter wollte, daß er Priester würde, weil sie, wie er meint, diesen rettenden Pfarrer geliebt hat.
Ich sage ihm, wir könnten die Szene mit der herabstürzenden Decke symbolisch nachspielen. Zunächst hat er Angst, lächelt dann aber ganz verschmitzt und meint: »Das ist doch alles viel zu harmlos.« (Manche Patienten geraten dabei in Panik.) Seine Größenphantasie hat sich mit dem Trauma liiert, und da kommt oder sogar darf keiner heran, um beides therapeutisch zu mildern. Ich sage ihm das. Von der Vorstellung, in den Keller zu gehen und laut und in Panik schreien zu können, während ich ihn halte, war er dann begeistert.

Borderline-Struktur und der innere Zoo

Zehn Tage, vermutlich drei Sitzungen, später, etwa die 33. Stunde
Ein Traum: Bernard will drei weiße Lämmer fangen. Da kommt ein großer schwarzer Hund, packt ihn am Arm und hindert ihn daran. Er zerfleischt ihn aber nicht, sondern Bernard kann ihm einen Stock statt des Armes ins Maul stopfen, so daß er freikommt. Dann holt er zwei Männer, die den Hund ablenken, so daß er entkommt und zwei Türen zwischen sich und den Hund legen kann. Er sagt ausdrücklich, er sei nicht in Panik gewesen, sondern nur aufgeregt und ängstlich.
Er lächelt verschmitzt, als ich ihm vorschlage, er könne vielleicht den Hund spielen. (Wir arbeiten nicht den ganzen Traum durch, sondern ich greife den Teil »Hund« heraus.) Er sagt, er fühle sich jetzt müde und merke, daß er sich weigern möchte, bestimmte Dinge zu spielen. Er macht trotzdem mit. Es wird eine sehr lustige Stunde. Er begibt sich auf allen Vieren hinter die Couch. Er könne nicht knurren, beschreibt aber dann sprachlich, was er gerne tun möchte: Bellen, Drohen und Kläffen. Dann kommt die andere Seite: »Ich fühle mich klein

und jaulend, kratze an der Tür, ich bin treu, abhängig, hündisch ergeben.« Aber er könne ja auch groß und wild sein. Seine guten Eigenschaften seien: treu, zuverlässig, schützend. Er nimmt eine Art Rekapitulation seines Daseins als Hund vor: Er möchte Schoßhündchen sein, auf den Schoß hüpfen, gekrault werden. Wenn er nicht kriegt, was er möchte, bekommt er hündische Bettleraugen, aber dann kommt der Jähzorn, er wird wild und ganz böse und beißt oder fegt durchs Haus. Er paßt auf die Herrin auf. Nach etwa fünf Minuten hebt er den Kopf über die Lehne der Couch und sieht verändert aus, sehr kraftvoll, so daß ich ihm sage, ich denke an eine Bulldogge. Er steht auf, als wolle er das Spiel abbrechen, setzt sich auf die Couch und assoziiert weiter.
Als ich ihn darauf hinweise, daß er sich überhaupt nicht bewegt habe und inmitten seiner Phantasien nicht hinter der Couch hervorgeschaut habe, geht er wieder hinter die Couch. Er schaut mit hängenden Vorderpfoten dahinter hervor: verschmitzt, werbend, ängstlich, und glossiert die Beziehung Herr und Hund. In meiner Phantasie sehe ich ihn durchs Zimmer rennen, aber es bleibt beim Vorsichtig-um-die-Ecke-Schauen von hinter der Couch her.
Er steht wieder auf und will sich setzen. Ich sage ihm eine neue Phantasie, die ausgelöst wird von seiner spürbaren Scheu, sich als Hund, überhaupt als Tier zu zeigen. Ich gebe ihm die perforierte Decke als Tarndecke und sage, es könnten noch andere Tieranteile da sein; er könne hinausschauen durch die Decke, während ich nur die Umrisse sehe. Das tut er und kann sehr bald auf allen Vieren hervorkriechen. In den Umrissen und den Bewegungen sieht er aus wie ein Elefant. Spontan akkommodiere ich und erschrecke ein bißchen: »Oh, da kommt ja ein Elefant, das ist ja ein Riesentier.« Er kriecht auf seinen Stuhl zu und nimmt nach etwa zwei Minuten die Decke ab mit der Bemerkung: »Ja, was sollen denn die zu Hause mit mir anfangen als Elefant.« (Die perforierte Decke spielt übrigens auch in manchen anderen Behandlungen gelegentlich die Rolle einer Tarnkappe, durch die der Patient unsichtbar wird, selbst aber sehen kann. Dabei kommen viele unbewußte Phantasien zum Vorschein.)
Er sei ratlos über seine Größe als Elefant, die er sehr deutlich

gespürt hat. Er phantasiert auch, als Elefant durchs Dorf zu gehen. Dann kommen die Wunscheigenschaften und -tätigkeiten: stark wie zum Bäume-Ausreißen, viel tragen können, geduldig sein für Kinder, Arbeit im Zirkus, sehr reich sein, auch wieder die Gefahr großer Abhängigkeit und Gutmütigkeit des Elefanten, seine Sensibilität, dann zögernd-verschmitzt: der bewegliche Rüssel.
Es taucht eine Variation des Themas auf: »Ja, ich kenne ja Elefanten nur in Gefangenschaft und im Zirkus. Da passen sie nicht hin. Die haben hier nicht ihre wirkliche Landschaft.« Das alles knüpft an einen Traum an, in dem die Elefanten bis ans Dach reichten und wo es so aussieht, als stellten sie seine ihn selbst bedrohende Triebhaftigkeit, Macht und ungeschlachte Abhängigkeit dar. Er erinnert sich an Szenen, wo jedes Jahr zweimal Elefanten vom Bahnhof zum Festplatz getrieben wurden, von nur zwei Männern geleitet. Er hat sich mit ihnen identifiziert: Kraft ohne Richtung und Aufgabe, in demütigender Unterwerfung gelebt.
Als ich sein Bild mit der noch fehlenden Landschaft für Elefanten anspreche, sagt er, das sei eine fast tägliche Heimsuchung: Die quälende Frage, ob er in seinem Beruf und Berufsfeld bleiben wolle, er habe eigentlich genug vom kirchlichen und rituell-magischen Dienst. Es erleichtert ihn sehr, daß ich es anspreche, weil er dann nicht so sehr das Gefühl von Illoyalität gegen die Kirche oder von abnormen Größenphantasien habe, wenn er an einen Berufswechsel denke.
Als er sich nach den zwei Minuten aufdeckt, ist sein Gesicht wiederum sehr verändert: einerseits ratlos, andererseits beruhigt. Für seine psychische Übergröße hat er endlich ein freundliches zoologisches Bild gefunden.
Vom Rüssel kommt er auf Schlange und sagt: Es gebe in ihm wohl auch eine heimtückische, giftige Schlange, aber die habe wiederum mit dem Elefanten nichts zu tun, und der Hund habe wieder mit den beiden anderen nichts zu tun. Er erlebt die relative Disparatheit seiner Teile und das mögliche Maß von Arbeit, sie unter einen Hut zu bringen. Wir sprechen also indirekt über seine Borderline-Struktur und die Probleme, seine fragmentierte, aber reiche Struktur zu integrieren.
Er kommt dann noch auf seine Schlangenphobie zu sprechen:

Er habe noch nie in seinem Leben eine Blindschleiche anfassen können, was sein Pflegesohn gut könne. Ihn beeindruckt die spielerische Ruhe, mit der ich mit seinen verschiedenen und noch sehr divergenten Anteilen umgehe, und wie ich das Bild von der noch nicht passenden Landschaft für den Elefanten auf seine berufliche Situation anwende.

Alkohol, Nähe und Berührung
Drei Wochen später, nach der Weihnachtspause
Bernard ruft einige Tage vor seiner Stunde nach der Weihnachtspause an, es gehe ihm sehr schlecht, ob er früher kommen könne. Da die Stimme ganz breiig ist vor Elend, gebe ich ihm eine halbe freie Stunde an meinem ersten Arbeitstag.
Er kommt erschöpft, erzählt ein bißchen, sagt aber bald, sein Körper sei ausgehungert. Er habe sich wieder in zudringlicher Weise seiner Frau genähert: mit Erpressung, Drängeln und Bitten. Es läuft aber nichts zwischen den beiden. Sie haben eine sehr starke negative Elternübertragung aufeinander. Er habe also in den drei Wochen Ferien einen Rückfall gehabt.
Er spüre die körperliche Entbehrung. Er habe auch jetzt in der Stunde – wie zu Hause abends – das gleiche Gefühl, daß er kämpfe, *wann* er anfange zu trinken; so sei es jetzt gewesen, als er indirekt um Berührung bittet, indem er auf sein Ausgehungertsein hinweist, und auf den Rückfall.
Wir tun dann etwas für den ausgehungerten Körper. Er legt sich hin, und ich lege die Hand auf seine Brust, aber so, daß der aufliegende Unterarm auch den Bauch berührt. Dabei fängt er leicht an zu weinen, entspannt sich sehr, bekommt ein ganz offenes Säuglingsgesicht und läßt Ruhe, Berührung und Schutz in sich hineinsickern. Es ist wie ein Aufsaugen einer Substanz aus mir, ein Trinken im frühen Kontakt. Trotz der verkürzten Stunde geht er völlig befriedigt weg, vor allem mit der Aussicht auf eineinhalb Stunden am nächsten Tag.

Einen Tag später, eineinhalb Stunden
Bernard ist aufgeregt wegen der Länge der Sitzung. Die ersten 25 Minuten berichtet er präzise über Weihnachten, über Berufspläne, was er verändern könne, über bestimmte Übertragungsentdeckungen, die er mit seiner Frau gemacht hatte.

Dann kommt wieder seine Müdigkeit. Er legt sich hin, mit dem Kopf in *seiner* Hand. Ich mache ihn darauf aufmerksam, biete *meine* Hand an. Er legt seinen Kopf in meine Hand, zuerst nur das Ohr, die Wange sei ihm zu viel. Er ist sehr wach, ja wachsam und kann nicht den ganzen Kopf loslassen. Die eine Hälfte hält er selber. Es sei absolut neu für ihn, daß jemand seine Weichheit akzeptiere, seine Bedürfnisse erkenne und ihm das anbiete. Davon sei er so überwältigt, daß er noch nicht voll loslassen könne.

Er erinnert sich daran, daß der Priester, bei dem sie während des Krieges wohnten, ihm später Lateinnachhilfe gab, damit er einmal studieren könne. Der Priester habe sich aber sehr kühl und streng verhalten und ihn auch öfter geschlagen. Dort mußte er immer in einer Vorhalle – ähnlich dem Treppenaufgang vor meinem Zimmer – warten, oft aufgeregt, bang und oft genug mit nervösen Magenkrämpfen. Aber hier würde jemand seine Gefühle erkennen. Die Stimmung ändert sich merklich.

Ich halte ihm beide Hände hin, und er vergräbt sein Gesicht darin. Er fängt wieder still an zu weinen, läßt sich ganz hineinfallen. Nach etwa drei Minuten stützt er sich auf und sagt, er möchte sich wieder auf seinen Stuhl setzen. Mir erscheint das aber als ein zu großer Schritt aus der Regression heraus, und ich schlage ihm deshalb vor, sich auf der Couch aufzusetzen. Dort sitzt er dann mit untergeschlagenen Beinen. Ich sitze ziemlich nahe vor ihm, und die Atmosphäre ist plötzlich sehr kollegial. Seine Sitzhaltung ist vollkommen neu mit den untergeschlagenen Beinen. Er faßt eine, wie er sagt, »wunderbare Phantasie« in Worte, nämlich daß er das gleiche, seine Hand unter meinen Kopf legen, auch mit mir machen könnte. Er tue das manchmal auch im Krankenhaus mit Patienten. Es ist, wie wenn ein Kind etwas zurückschenken will, und er ist doch gleichzeitig auch erwachsen. Die Phantasie habe ihm das Gefühl gegeben, daß das Gefälle ja gar nicht so groß sei, sondern das Halten sei potentiell umkehrbar, und er fühle sich mir sehr nahe. Das stimmt auch für mich so. Es ist wichtig, akzeptierend zuzuhören, weil er sehr scheu und mühsam formuliert und unsicher ist, ob er das überhaupt anbieten darf. Die Worte reichten ihm dann vollkommen.

Anschließend erzählt er sehr kraftvoll über seine Beziehung zur Kirche. Er überlege sich, ob er aussteigen solle, er habe aber die Freiräume noch nicht ausgeschöpft. Dann spricht er über die finanzielle Hilfe des Arbeitgebers zur Therapie: Ob er dort sagen solle, daß er bei mir Therapie mache. Das kommt ihm aber zu gefährlich vor, wegen der »Gottesvergiftung«, die jedoch noch nicht ins Französische übersetzt ist. Er redet dann sehr klar über seine Finanzen. Ich sage ihm, daß ich ihn noch nie so erwachsen habe sprechen und so klar sein Verhältnis zur Kirche habe reflektieren hören. Das dauert etwa 35 Minuten – nach diesem Kraftschub aus der Regression.
Er sagt, nach der gestrigen halben Stunde schon habe er gemerkt, daß er in den ganzen Weihnachtsferien viel zuviel Umtrieb gemacht habe, und wie tief er erschöpft sei, weil er viele Gottesdienste hatte an Weihnachten, Stationsfeiern, die eigene Familie mit sechs Personen, das Drängeln mit seiner Frau, lange Dispute etc. Er spüre die Erschöpfung und das Bedürfnis, gehalten zu werden, könne es jetzt auch seelisch lokalisieren, weil es dem fehlenden Vater zuzuordnen sei, der ihn weder hielt noch ihm half bei der Dosierung seiner Belastungen.
Er sagt mir noch, daß er nicht nur therapeutisch etwas mitnehme, sondern aus der Erfahrung mit mir auch einiges verwenden könne für seine Arbeit. Dann fragt er unvermittelt und mich tief berührend: »Darf ich mich mit Ihnen identifizieren?« Es ist wie ein scheues und doch bestimmtes Anklopfen. Er atmet auf, als ich bejahe.
Ich sage ihm, es gebe noch eine dritte Rolle, in der ich für ihn da sei, neben dem idealen Vater und dem Regisseur: Ich sei ihm ja über Weihnachten abhanden gekommen, jetzt aber wieder da als eine ganz neue Person, an der er intensive Gefühle zulasse und übe. Das leuchtet ihm sehr ein.

Zwei Wochen, vier Stunden später
Bernard kommt nach dem Wochenende, jammert und sieht zerknautscht aus. Er habe wieder einen Rückfall gehabt am Wochenende, sei wieder so gierig gewesen, und eifersüchtig auf andere Männer wie den Pflegesohn. Er fragt, ob er noch keinen eigenen Kern habe; ob alles bisher noch nichts geholfen

habe. Und ihm fehle immer noch eine Berufsperspektive. Er fühle sich auch mir gegenüber so komisch. Andeutungsweise kann er dann zustimmen, daß er neidisch sei, weil ich es ja »auf allen Gebieten geschafft« hätte, und er krebse nur so herum. Es ist schwierig, einem Patienten zu sagen, er sei neidisch. Die Deutung, wenn sie nicht eingebettet ist in tiefe Einfühlung, wirkt oft wie ein Tadel, ein Vorwurf, ein Hinweis auf Mängel und Charaktermängel. Ich sage ihm deshalb, er fühle sich sehr schlecht, aber das, was er hier erlebe, sei nur denkbar auf der Basis seines größeren Zutrauens. Er sei hineingeraten in ein frühes intensives Neidgefühl mir gegenüber, wie vielleicht bei seinen Brüdern. Wir wüßten ja inzwischen, daß das ohne Vorgeschichte nicht denkbar sei. Ich verpacke die Deutung also sowohl in eine Validierung seiner Stärke und seines gewachsenen Zutrauens, als auch in die Einfühlung in seine schmerzliche Vorgeschichte, und sage anerkennend, daß er etwas mitbringe, was früher schon extrem schmerzhaft war und als Sünde galt.
Darauf erzählt er viel über seine beiden älteren Brüder, die ihn nicht ernst genommen hätten oder ihn kalt abblitzen ließen und ihm immer voraus waren. Die Eifersucht und der Neid wurden noch einmal verstärkt dadurch, daß er dieselbe Patientin wieder weggehen sieht. Sein Bruder hatte relativ früh eine Freundin und kümmerte sich danach um den kleinen Bruder überhaupt nicht mehr. Es war aber der Bruder, den er gegen Geld kitzeln und streicheln mußte. Er spricht darüber wie über ein frühes Prostitutionsverhältnis. Er schämt sich sichtlich, deshalb sage ich ihm, es gehe vielleicht leichter mit den Geständnissen, wenn er sich hinter die Couch zurückziehen und sich verstecken könne.
Er tut es erleichtert und spricht nun sehr intensiv über seine Neidgefühle. Am Ende fühlt er sich viel besser und wieder zusammengesetzt.

Zum Thema Neid und frühe Kastration (Melanie Klein hat ja frühe Kastration und Neid zum Zentrum ihrer Analyse gemacht): Kühle, mächtige und willkürlich handelnde Mütter erzeugen nach meiner Erfahrung viel mehr Neid als Mütter, mit denen das Kind in lebendiger Interaktion ist, weil das Kind

dann das Gefühl hat, etwas zurückzugeben und nicht so extrem abhängig zu sein. Der Grad der willkürlichen Abhängigkeit macht erst den Neid hoffnungslos, besonders bei einer Bindung der Gunstbeweise an Wohlverhalten.
Dadurch, daß er einen eigenen kleinen Raum für sich hatte, war das Geständnis nicht gar so demütigend. Nur sein Kopf schaute ab und zu heraus. Den Körper versteckte er. Also ist auch hier körperliche Scham am Werk.

Die beginnende Einfühlung in das kleine Kind in ihm
Vier Tage später
Am Anfang sieht er verknittert aus wie ein kleines Baby, aber gleichzeitig schaut er auch schelmisch. Er berichtet folgenden Traum: Er geht auf einer unbekannten Höhenstraße spazieren. Ein Auto fährt so nahe an ihm vorbei, daß der Kopf fast weggewesen wäre. Zweiter Teil: Auf der anderen Seite der Straße liegt ein Baby, und neben dem Baby liegt ein älterer Mann, eine Mischung aus Landstreicher und Künstler (da fangen wir schon an zu lächeln), und der kümmert sich überhaupt nicht um das Baby. Das Baby krabbelt über die Straße, obwohl ständig Autos kommen. Er, der erwachsene Bernard, rettet es, bringt es zurück. Dann spürt er aber, daß in dem Landstreicher doch eine Beziehung zu dem erwachsenen Mann Bernard besteht; daß der ihm nämlich etwas zutraut: die Sorge für das Baby in ihm. Der Traum erscheint ihm dann als eine intensive Auseinandersetzung mit meiner Haltung ihm gegenüber und als Ausdruck seiner Wut darüber, daß ich ihn nicht adoptiere oder in Pflege nehme, wie er es ja mit vier verlorenen Kindern getan hat, die bei ihm eine neue Heimat fanden.
Auf seinem Gesicht zeichnet sich zunehmend die Phase des frühen Saugens ab: Er legt sehr oft einen oder mehrere Finger an den Mund, streicht sich über die Lippen, steckt einen Finger halb in den Mund. Er kommt dabei auf seine Süchte zu sprechen: Alkohol und Zigaretten. Und: er habe sich am Wochenende seiner Frau gegenüber wie ein Kleinkind verhalten. Die Brust seiner Frau sei früher das Wichtigste für ihn gewesen. Das wolle er aber nicht mehr. In der Regression hatte er seiner Frau am Wochenende gesagt – ohne es zu merken:

»Schon so lange hast du mich nicht mehr an die Brust genommen.« Das komme immer am Wochenende. Hinterher fühle er sich leer. Sexualität ist für ihn weitgehend orale und taktile Versorgung, aber in bedrohlicher Weise durchsetzt mit Rache, Wut und Machtphantasien.
Dann sagt er, er schlafe normalerweise immer auf dem Rükken, aber seit einigen Tagen liege er wie ein Fötus im Bett. Wir haben noch eine halbe Stunde Zeit, aber er sorgt sich bereits um das nächste Wochenende. Er habe Angst, ob und wie er fünf Tage Pause als Mann überstehen würde. Er legt sich in Fötus-Stellung auf die Couch. Ich lege meine Hand als Nabelschnur auf seine Seite. Dort liegt sie dann für 25 Minuten, in denen er vollkommen abgeschaltet und gleichsam ortlos schwimmt. Allmählich füllt sich sein Gesicht wieder auf und wird glatt. Dann scheint sich der Mund physiologisch auf das Saugen vorzubereiten. Er hatte sich auf die Seite legen wollen, weil er sich sonst zu offen fühle. Fünf Minuten vor Schluß taucht er auf wie aus dem Untergrund, schaut mich an und sagt: »Wir sind ja beide erwachsen.« Dann probieren wir noch, ob er nach dem Auftauchen aus dem fötalen Zustand auf dem Rücken liegen kann. Dabei rutscht meine Hand auf seine Nabelgegend. Da sagt er: »Jetzt fühlt sich das an wie entzündet, als ob hier eine Wunde wäre.« Dann steht er auf und geht vollkommen gestärkt und zuversichtlich ins Wochenende.
Nun zu seinen Vorbereitungshandlungen auf das Saugen: Er sagte, mit den Fingern am Mund und traurig, er wünsche sich ein eigenes kleines Kind, oder er möchte einmal zehn Tage mit einem Säugling verbringen, um zu sehen, was und wie das ist.

Der Körper des Therapeuten in der Gegenübertragung

Ich habe durchaus Angst, ein Gruseln oder ein Schaudern, diesem Mann das Saugen anzubieten, wie ich es mit einer Patientin im »Ersten Jahr« beschrieben habe. Ich erlebe diesen großen Mund, der sich auf das Ausbrechen der Gier vorbereitet, aus der Nähe als ein bedrohliches Organ. Es gibt Momente, wo ich beim Vorausphantasieren Angst habe, daß er mich auffrißt. Es sieht aus wie ein großes Karpfenmaul. Ich wäre dann hinterher leer oder ausgesaugt.

Und ich spüre die Aufregung, wie es wohl sein wird: ob stark erotisch-sexuell, oder gierig-ängstigend, oder stimmig-befriedigend für beide. Bernard scheint vorwiegend oral-kannibalistische Phantasien bei mir zu induzieren. Hinterher, während und nach der Realisierung, verschwinden diese Phantasien prompt. Sie müssen also ausgelöst sein nicht durch das natürliche Bedürfnis, sondern durch den kompensatorischen Stau, die angesammelte Gier. Dies ist für mich ein typisches Beispiel für die »phantastische« (in einem durchaus negativen Sinne) Überarbeitung von frühen Szenen, die unabgeschlossen, konflikthaft oder jenseits aller Befriedigung verdrängt sind. Die Gefahr in rein verbalen Analysen ist dann, daß die Arbeit sich an den Phantasien festfrißt, die ständig weiterwuchern und sich bedrohlich anfühlen, weil auf der archaischen Mangelebene sich nichts verändert. Noch bedrohlicher ist es, wenn die sexuellen Phantasien dann auf einer ödipalen Ebene bearbeitet werden, obwohl die nur eine verzweifelte Einkleidung darstellt.
Bernard sagt oft, und bringt mich damit in Bedrängnis: »Ich will was mitnehmen. Ich will etwas von Ihnen.« Er hat auch in der Stunde ein saugendes, fast Schuldgefühle machendes Verhalten. Ohne große Portionen geht er nicht weg.
Die Verknüpfung zu seiner Geschichte: von dem Zeitpunkt an, wo das elterliche Haus beim Bombenangriff zerstört wurde und er bei der toten Frau im Arm lag, wurde er nicht mehr gestillt. Das heißt, das Abstillen war traumatisch und endgültig und nicht von Zuwendung und Empathie begleitet, sondern vom Schockzustand der Mutter und der Flucht in eine andere Stadt.

Vier Tage später
Bernard kommt mit völlig verändertem Gesicht. Er sieht erwachsen und von innen her lebendig aus. Ich lasse meine Freude erkennen und sagte ihm meine Phantasien: Ich dächte an einen Dirigenten von Barockmusik oder an einen lebenslustigen Instrumentenbauer. Sein Gesicht leuchtet. Mit seinem krausen Haar, seinen strahlenden Augen und dem Schalk im Gesicht sieht er aus wie ein mit der Welt zufriedener Künstler. Unsere Bilder sind sich wieder sehr nahe, denn zu meiner Überraschung sagt er: Er habe gerade im Auto noch eine

halbe Stunde in der Sonne gesessen und zur Kassette heiteren Mozart dirigiert; früher als Internatsleiter habe er viel Orgel gespielt.
Er hatte gründlich nachgedacht: Er und seine Frau rächten sich aneinander für etwas, was den Elternfiguren gelte. Er erlebe seine Frau nicht nur als Mutter, sondern auch als strengen, unerbittlichen Vater. In einer Redepause schaut er einmal kurz hinüber zur Bücherwand im Raum, faßt sich ins Genick und stöhnt: »Oh, jetzt kommt etwas ganz Schlimmes wieder.« Es fahre dann ein Schmerz in seinen Hinterkopf, wie wenn der Wahnsinn komme. Seit er Schüler war, habe er immer wieder das Gefühl gehabt, er sei ganz nahe an der Grenze zum Wahnsinn. Er schildert es etwas genauer. Ich sagte ihm schließlich, der Hinterkopf sei vielleicht direkt mit dem fehlenden Vater verbunden. Das leuchtet ihm sofort ein. Ja, es gehe um Halt. Er fühle sich so haltlos und offen.
Da er so selbständig während der letzten Stunden gearbeitet hatte, schlage ich ihm vor zu schauen, ob er phantasieren könne, wie er seinen Hinterkopf in Verbindung mit mir bringen könne. Er überläßt sich seinen Bildern. Als Zwischenthema fällt ihm ein, daß er seine Frau ja sogar bedrohen könne, wenn es um die Forderung nach Körperkontakt gehe. Aber hier habe er noch nie selber direkt um Berührung gebeten. »Ja aber hier geht das doch auch nicht. Analyse ist wie Kirche, Berühren geht nicht, danach fragen schon gar nicht!« Den abwesenden Vater könne man sowieso nicht berühren. Er würde vielleicht auch zudringlich und – die Gier würde in ihm erwachen. Berührung sei ja immer Sexualität gewesen. Hier lerne er allmählich unterscheiden, daß Berühren viel sein könne, auch außerhalb der Sexualität. Er würde sich mir ja völlig ausliefern, wenn er mir seinen Hinterkopf überlasse.
Er kommt auf seine Kinder zu sprechen, und welche differenzierten Bedürfnisse sie bei Berührungen hätten – auch am Hinterkopf. Es kommt in dieser Stunde nicht zu einer Berührung zwischen uns. Er wird sich aber klar darüber, daß er eine Mulde am Hals brauche. Er spüre, daß er sich der Realisierung Schritt für Schritt nähere, und es sei gut, daß ich ihm Zeit lasse.
Er war sehr dankbar, daß ich seine berufliche Situation ange-

sprochen hatte. Das alles ist immer noch ein Nachhall auf die Neidsitzung. Er kann jetzt durchschimmern lassen, wo *seine* Begabungen liegen. Er überrascht mich mit dem Orgelspiel; mit dem Einüben und Dirigieren von Liedern mit den Kranken. Er hat sich wohl durch das Geständnis des Neides das Recht erarbeitet, hinter der Neidmauer zu zeigen, was er kann. Denn seine Brüder haben ihm alles lächerlich gemacht. Auch bei mir hatte er lange Zeit Angst, der Hofnarr zu sein.
Er fürchtet im Grunde mit dem idealen Vater die gleiche formauslöschende Wiederverschmelzung wie mit der Mutter. Die Bedürfnisse nach einem Vater gehen so tief und sind so früh, daß er Angst hat, er verliere die Konturen und werde dann abgelehnt. Deshalb war es gut, von mir aus nicht Berührung anzubieten, sondern sie ihn vorausphantasieren zu lassen, zur gemeinsamen Vorbereitung.

Mutter, fehlender Vater, Gott und frühe Amtsanmaßung
Drei Tage später
Bernard geht es jetzt erheblich besser. Er wächst und trennt sich langsam von Teilen seiner Kinderrolle. Neulich sei er ins Bad gekommen, wo seine Frau nackt gestanden habe. Da habe er zum ersten Mal gesehen, wie dünn sie ist. Das habe ihn tief berührt, denn er hat sie immer als mächtige Mutter erlebt mit riesigen Brüsten und Becken – und das stimme überhaupt nicht (in mir weckte sie, als ich sie bei den Gesprächen zu viert zum ersten Mal sah, sofort Schutz- und Pflegeimpulse). Jetzt sieht er plötzlich, daß sie jemand völlig anderer ist als sein dämonisches Bild von ihr und daß er ihr Raum lassen muß, damit sie sich entwickeln kann. Bisher habe er sie seelisch glatt erwürgt.
Er berichtet über einen immer wiederkehrenden Traum: Er sei in der Kirche und halte Gottesdienst oder Taufe und stehe plötzlich ohne Gewänder da oder das Liturgiebuch sei weg. Er löse aber dann das Problem doch irgendwie, obwohl es ihm peinlich sei. Und dann ein aktueller Traum: Es sei Kirchenvisitation. Der Bischof kommt. Er bereite sich gerade auf eine Taufe vor, plötzlich öffnet sich die Kirchentür, und auf dem Motorrad fährt der Bischof herein – bunt angezogen, mit Son-

nenbrille, wirkt wie ein Rockerbischof. (Das bin im wesentlichen ich. Er muß lachen und steckt mich an.) Der Bischof hat nicht allzuviel auszusetzen an ihm. Er kriegt den Gottesdienst hin, vermeidet aber die bei der Taufe notwendige Formel: »und daß Du dem Satan widersagst«. Wir arbeiten heraus, daß er, um sich zu entfalten, ein Stück vom Teufel braucht, oder was er dafür hält, und daß er Diabolisches oder Mephistophelisches auch in mir voraussetzt. Er geht davon aus, daß auch ich mit dem Teufel gut stehen muß für meinen Beruf. Und daß wir der Aggression und dem Schelm in ihm, dem »Leibhaftigen« in mehrfacher Bedeutung, nicht mehr abschwören müssen, sondern sie nutzen dürfen. Er kann das alles nicht auf dem Stuhl sitzend sagen, sondern sucht lange nach einer Stellung, nimmt dann einen Sitzsack, setzt sich in einigem Abstand mir gegenüber, niedriger als ich, und sagt: »So spüre ich diese Beziehung: Ich bin noch ein bißchen kleiner. Aber ich glaube, daß wir Partner sind. Denn es gibt einen Teil in mir, der nimmt Sie realistisch wahr, als jemand, den ich mag und brauche. Und überall dort, wo noch Wiederholungen oder Übertragungen auftauchen, sind Sie noch so etwas wie der Bischof. Aber das alles konturiert sich ganz klar.«
Er tauft in mehreren Gemeinden kleine Kinder und erlebt sie wie Symbole seines durchbrechenden lebendigen, ja siegreichen Selbst. Und hier organisiert er sich jetzt selber im Raum und in der Beziehung, sagt z. B.: »Moment, ich muß einmal aufstehen und sehen, wo ich hier hingehöre«, geht im großen Raum herum und prüft Orte und Haltungen. Das war sonst nur auf meine Initiative und auf meinen Vorschlag hin möglich. Die Sonnenbrille im Traum symbolisiert übrigens, unter anderem, meine relative Nicht-Erkennbarkeit in der Analyse, mit der er aber einverstanden ist.

Vier Tage später
Ich höre ihn im Treppenhaus schon trocken husten. Es klingt so, wie wenn ein Hund bellt. In der Stunde ist der Husten weg. Der Treppenaufgang wirkt auf ihn manchmal wie ein Kirchenschiff. Nachher im Zimmer ist er dann in der intimeren Sakristei, wenn die Raumübertragung stark ist. Er setzt sich hin und druckst endlos herum. Das Wochenende sei ganz gut verlau-

fen; er wisse aber nicht, in welchem Zustand er sei. Er habe viel Kraft in sich, aber er traue sich noch nicht, sie sinnvoll anzuwenden. Es wird erst allmählich klarer, daß er gegen mich vorgehen, sie gegen mich erproben will. Er streckt immer wieder einen Fuß kämpferisch in meine Richtung. Körpersprachlich ist es so eindeutig und bewußtseinsnah, daß er, als ich ihm meinen Fuß entsprechend entgegenstrecke, sofort lachen muß und begreift. Es ist auch vom Frechsein die Rede. Er könne den Namen Gottes nicht mehr aussprechen und versuche sich auch vor den Gottesdiensten zu drücken. Damit habe ich zunächst etwas Mühe, weil ich fürchte, er könne sich bei seiner Behörde in Gefahr bringen. Aber ich spüre auch, daß er gegen sein Rollenspiel kämpft, das ihn immer mehr Kraft kostet und das er als immer weniger echt erlebt. Er habe auch erkannt, wenn er an seine Frau denke, daß er eigentlich immer seine Mutter gesucht habe. Ich sage: »Und hier zeigt sich oft, daß es um den abwesenden Vater ging, wenn Sie Gott gesucht haben.« Er stimmt ergriffen zu, aber wir halten auch fest, daß Gott und Vater nicht gleichzusetzen seien, nur der gleichen »Abwesenheit« entstammten.
Er erzählt einen Traum: Er sei wieder im Gottesdienst zu spät gekommen und habe die falschen Gewänder, auch viel zu kurze, angehabt. Seine Träume beziehen sich zum Teil auf seine frühen Messen mit der Mutter. Er arbeitet sozusagen die Schönheit und Absurdität der Gottesdienste mit der Mutter in der Küche auf und macht sich klar, wie stark die infantilen Phantasien und Erinnerungen seine heutige Rolle durchdringen. Er hatte nämlich als Priester im Traum als Stola zwei Handtücher angehabt, die mit Klammern oben zusammengesteckt waren. Die kurzen Gewänder könnten auch bedeuten: Er ist eine ganze Generation zu früh gekommen mit seiner Priesterrolle oder seinem Amt, denn der echte Zeremonienmeister wäre der Vater, der ist aber tot. Und er drängt sich da hinein und fühlt sich unzureichend, weil er die Rolle auch mit geistlichem Pomp nicht ausfüllen kann.
Dann sagt er, er werde immer unruhiger. Er habe das Gefühl, in ihm sei Revolution – aber er wisse nicht, wogegen. Er würde gerne aufstehen, könne es aber nicht. Irgend etwas würde dann passieren. »Oder darf ich das? Wenn Sie mich *losspre-*

chen, dann kann ich aufstehen.« Es klingt, als sollte ich ihm die Absolution erteilen. Dadurch wird der Kontext klarer. Ich sage: »Es scheint darum zu gehen, ob ich Ihnen den Hintern versohle, wenn Sie aufstehen, nach diesem Geständnis über die frühe Amtsanmaßung.« Er muß lachen und genießt eine Art Angstlust. Die ganze Stunde über kann er trotz seines klaren Wunsches nicht aufstehen. Am Schluß der Stunde schleicht er sich seitwärts vom Stuhl. Er hat sehr oft Prügel bezogen in der Schule, oder von seinem Bruder, vor allem, wenn er etwas angestellt hat, was als Privileg des Bruders galt. Jetzt ist wohl die ihn lähmende Phantasie bestimmend, daß der Vater erbarmungslos zuschlagen würde, wenn er die Amtsanmaßung des kleinen Jungen wie des Heranwachsenden bei der Mutter sähe.

Ich gebe zu bedenken, daß jemand die Angst gefördert haben müsse, die er vor dem Vater spüre. Darauf sprudelt es aus ihm heraus, die Mutter habe immer gesagt: »Das wäre beim Vater nicht durchgegangen«, oder: »Wenn jetzt der Vater käme!« oder: »Wenns Vaterle da wäre, würdest du dir das nicht erlauben!« Der abwesende Vater war also immer eine Drohfigur – verdichtet besonders am Nikolaustag. Das Kind konnte dann gar nicht mehr hoffen oder sich freuen, daß der Vater zurückkäme, er wurde offensichtlich als Strafinstanz lebendig gehalten; der Vater war für diese verzweifelte Mutter mit vier schwierigen Kindern einfach der drohende Böse, Strafende, der vom Himmel aus immer zuschaute, alles sehen konnte, und zu dem hin sich die Mutter außerdem von der Erde wegsehnte.

Ich deute ihm, daß er, um den Vater günstig zu stimmen, um so mehr eine Größenphantasie habe entwickeln müssen, so daß er ihn trotz seiner Bosheit noch liebe wegen seiner außerordentlichen Qualitäten. Beide Eltern haben also dazu beigetragen, die Größenphantasien zu fördern, auch wenn der Vater nur eine zum großen Teil von der Mutter geschaffene Phantasie- und Übertragungsfigur war, ein inneres Objekt, das aber ein Eigenleben führt und von der Mutter wie in Bernards Innerem am Leben gehalten wird und sich auch wandelt.

Er sagt, er habe vor dem Vater mehr Angst gehabt als vor dem lieben Gott, denn für den Umgang mit dem lieben Gott hatte

er ja Rituale, Gebete, Reue, Buße, Dienst usw. gehabt. Insofern war Gott auch eine viel realere Figur als der Vater, weil er täglich angefleht und rituelle Kommunikation mit ihm gepflegt wurde.
Ich fühle mich in der Identifikation mit dem pädagogisch mißbrauchten Vater müde und glaube zu spüren: Käme der Vater heim, wäre er so zugeschüttet von den Drohbildern und seiner Funktion als Mittel der Disziplinierung durch die Mutter, daß er zunächst nur sehr schwer eine eigene Beziehung zu Bernard fände. Aus vielen Romanen über in Krieg und Gefangenschaft abwesende Väter und ihre Heimkehr wissen wir, daß es häufig auch umgekehrt war: Der reale Vater hatte kaum Chancen gegenüber dem idealisierten und als rettend gedachten Helden, der in den amputierten Familien eine Art Hausaltar besetzt hielt. Bernards Vater müßte ihn also erst einmal kennenlernen, und dann wüßte er immer noch nicht, was er mit einem so frechen Jungen anfangen könne. Es mischen sich also bei Bernard Wunschphantasien nach Erkannt- und Geliebt-Werden mit Ängsten vor Strafe, Fremdheit, Zurückweisung. Und sie fließen auch ein in die neu aufgenommene Beziehung zu mir, bis hin zu der Angst vor dem Aufstehen, das seinen Hintern für die Schläge freigeben würde, die die Brüder ihm im Auftrag der Mutter verpaßten.
Er sagt noch, der Vater müsse aber auch toll gewesen sein, sonst hätte die Mutter nicht ständig gebetet: »Vaterle, hol mich in den Himmel.« Sie sprach dauernd Selbstmord- und Sterbegebete. Und Bernard mußte sie dauernd retten: »Ich mußte ihr beweisen, daß es sich lohnt, am Leben zu bleiben. Wegen mir als Person wäre sie nicht geblieben. Nur wegen meinem Priestertum.« Das ist ein unheimliches und kompliziertes Mobile seelischer Kräfte, mit eingebauter Garantie für die Entwicklung eines falschen Selbst und die Entfaltung einer weitgehend neurotischen Priesterrolle.
Er ist schon öfter in früheren Stunden im Zimmer herumgelaufen, aber immer nur auf meine Ermunterung hin. Im Grunde gehört ihm das Zimmer. Aber dadurch, daß in der Übertragung der Vater jetzt heimkommt; dadurch, daß er selbst in die Pubertät kommt und flirtet, seine Sexualität bedrohlich wird und er den Vater sowohl braucht wie fürchtet, wird seine Ge-

genwart gefährlich. Er braucht auch einen idealen Vater, um seine Sexualität in ihrer unreifen, destruktiven und rachsüchtigen Form von seiner Frau als dem Muttterersatz abziehen zu können. Er und seine Frau schlafen seit einem halben Jahr auch nicht mehr im gleichen Zimmer, ungefähr seit Beginn der Therapie. Und er verbietet sich an den Wochenenden neuerdings, mit der Mutter-Frau diesen erotisierten Krach anzufangen. Ein Teil der Zuneigung ist schon bei mir, aber ein Teil der Wut kommt jetzt erst allmählich heraus.

Drei Tage später, ca. 45. Stunde
Bernard sieht sehr verschmitzt aus. Er traut sich wieder nicht, frei im Raum umherzugehen, dann wird er wieder witzig-frech – und zwar regressiv und progressiv zugleich: Er hatte wieder getrunken und war verzweifelt darüber, ob er das jemals los werde. Nach einer Viertelstunde ist klar der Wunsch nach körperlicher und seelischer Regression zu erkennen. Er kommt auf die Couch, ich sitze auf der Couch, angelehnt an der Wand, und er legt seinen Kopf in meinen Schoß, es ist zuerst nur ein vorsichtiges Halten. In seinem Bauch fing es an zu rumpeln. Er liegt relativ steif da, fragt, ob er sich bewegen dürfe; bewegt in Wellen und sich räkelnd dann den ganzen Körper. Gleichzeitig gibt es aber auch noch den Teil in ihm, der steif da liegt und schwarz sieht. Er spürt jedenfalls diesen zweiten Körper deutlich in sich, den Abwehrkörper.
Ich sage ihm, das sei einleuchtend und bedeutungsvoll auf mehreren zeitlichen Ebenen: Es gebe einen Säugling vor dem Bombenangriff und einen danach, und einen lebendigen Schuljungen und einen vor Angst erstarrten. Plötzlich sagt er, er bekomme das Gefühl, nur noch gehorchen zu müssen, springt auf und rennt weg, setzt sich dann wieder auf seinen Sitz-Sack. Dort kauert er sehr verquält und geht die ganze Geschichte noch einmal durch, weint und klagt, er wolle überhaupt nicht mehr leben.
Ich bin ziemlich müde an dem Tag, zusätzlich wohl auch in der Stunde aus dem Erleben seiner innerseelischen Anstrengung wie der anstrengenden Dauerqual in seiner Familie heraus, und sage, für mich selbst überraschend, aber ganz sicher: Solange er mich nicht aktiv brauche und mit seiner Erinnerung

beschäftigt sei, möchte ich etwas für mich selbst tun. Ich lasse mich umsinken auf die Couch und erkläre ihm: »Ich ruhe mich ein bißchen aus. Ich bin gesund, aber müde. Ich tue etwas für mich, vielleicht für uns. Ich warte, bis Sie mich wieder brauchen.« Er findet das in Ordnung, nur als ich die Augen schließe, erschrickt er und sagt tonlos, das sei ja aussichtslos. Mit dem Schließen meiner Augen scheint er mich verloren zu haben. Ich scheine wohl tot in der Wiederholung.

Nach fünf Minuten relativer Erstarrung und Unsicherheit, während der ich die Augen öffne und schließe, kommt er auf den Traum von neulich zu sprechen, wo er als Kleinkind über die Straße krabbelt. Ich schlage ihm vor, er möge doch einen Teil des Traums einmal anders nachspielen und die vier Meter, die er von mir weg sitzt, zu mir herüberkrabbeln und versuchen, ob er mich aufwecken könne. Das wird eine rührende Szene: Er kriecht langsam näher, berührt vorsichtig meinen Arm, ich gebe einen Laut von mir und wache auf. Das macht ihn jubeln, als er sieht, er kann mich aufwecken. Dann spielt er wie ein kleines Kind mit meiner Hand, berührt tastend mein Gesicht, gibt zufriedene oder staunende Laute von sich. Meine Botschaften für ihn, die ich halbbewußt gebe, sind die: »Ich bin für dich da. Ich tue etwas für mich. Ich ruhe aus. Ich bin nicht tot. Es ist kein Krieg. Wenn du mich brauchst, erreichst du mich.«

Dann setze ich mich auf, lasse ihn auf die Couch heraufkrabbeln und den Kopf wieder in meinen Schoß legen. Er fühlt sich wohl dort und fängt an, mit dem Mund Suchbewegungen zu machen. Da ich auf diese Szene seit längerem vorbereitet bin und die Ängste weitgehend hinter mir habe, folgt, als ich ihm den Daumenballen hinhalte, ein ganz intensives Stillen – mit Unterbrechungen, wenn er erschrickt und wieder ganz zerfurcht aussieht. Er braucht eine Erklärung von mir, daß es in Ordnung sei, was er erlebe und tue.

Dann saugt er ganz kräftig, so daß die Anstrengung seinen ganzen Körper durchströmt und seine Beine zittern. Danach sieht er ganz entspannt aus.

Abstillen, Mütterlichkeit, Väterlichkeit
Ich nahm natürlich an, daß er an das Trauma der abrupten Entwöhnung anknüpfe, der Entbehrung danach, auch an die Sexualisierung der oralen Bedürfnisse. Und in der Tat fühlte ich mich beim Saugen mütterlich. Aber seit ich selbst einen kleinen Sohn habe, weiß ich auch, wie gierig der Vater mit dem Mund des Kindes wahrgenommen wird: durch Saugen, Beißen, Prüfen, und dabei durchaus unterschieden wird von der Mutter. Es wird sich also in das gierige Saugen, das gegen Schluß mit vorsichtigstem Beißen endet, beides gemischt haben: väterliche und mütterliche Züge und Beziehungsformen des Kindes.

Am Schluß gibt es wieder eine Phase, wo er ganz zerfurcht aussieht. Ich bin regelrecht erschrocken, denke über die möglichen Gründe des Einbruchs nach, nachdem er so gierig war und danach so gesättigt aussah. Dann sagt er: »Während dem Stillen hatte ich unheimlich starke sexuelle Gefühle.« Es gebe auch einen direkten Zusammenhang zwischen Saugen und Onanieren. Er habe beim Saugen das gleiche Gefühl wie beim Onanieren, oder umgekehrt. Die Lust steigere sich. Hinterher sei er traurig und fertig. Das gute Objekt sei dann weg. Es scheint also, als habe er das Stilltrauma versucht durch Onanie zu kompensieren, worüber er ja (fast) jederzeit verfügen kann. Ich weiß aus früheren Stunden, daß er schon als kleines Kind wiederholt einen qualvollen Entzug des Onanierens erlebt hat, weil das in der eher bigotten Familie ja tabu war. Zurückgeblieben sind vermutlich archaische Schuldgefühle und Angst, und das zwanghafte Beichten. Später hat er die Onanie dann unter großen neuen Schuldgefühlen wiederentdeckt und zum Teil mit Macht, mit dem Teufel, mit seiner Berufung und mit pubertärer Auflehnung und trotzigem Selbstsein verknüpft.
Am Schluß sitzt er noch zwei Minuten neben mir. Wir sind beide wieder erwachsen, und er ist sehr beeindruckt von seiner Reise in verschiedene Regionen und Altersstufen der Kindheit. Er ist der erste Mann, mit dem ich das Stillen so intensiv erlebt habe. Hinterher war es mir dann nicht mehr unheimlich wie zu Beginn oder in den Stunden, als es sich abzeichnete. Ich war zunächst ganz klar in der Rolle der Mutter und hatte ihn

richtig gern, spürte keinerlei Widerwillen oder gar Ekel, auch kein Gefühl von Unstimmigkeit oder Widerspruch zwischen realem Lebensalter und regressiver Stufe: Sie waren klar getrennt und die Erwachsenheit am Schluß leicht wieder erreichbar. Das intensive Saugen kam richtig in Schüben, die den ganzen Körper mitrissen. Es kam auch die Antwort des Körpers auf den Saugreflex: Der Bauch grummelte und gab freudigen oder arbeitsamen Laut.

Die Entwirrung von Oralität und Sexualität erfolgt durch eine allmähliche Klärung der Ebenen, im Wechsel von Wiederholung der Szene, Verbalisierung, Erklärungen und der schwindenden Angst, von Sexualität überschwemmt zu werden. Er konnte mir erst später gestehen, wie stark seine Angst gewesen sei, beim Saugen eine Erektion zu bekommen und von mir sofort fallengelassen zu werden. Die Erektion stellte sich in diesem Stadium gar nicht ein, wohl aber viel später einige Male, und ich konnte sie dann ganz anders validieren, nämlich: das ist in Ordnung, der kleine Junge will seine Männlichkeit ja auch in Anwesenheit des Vaters einmal spüren.

Vierzehn Tage, vier Sitzungen später, etwa die 50. Stunde
Anfangs wirkt er kraftvoll, während des Sprechens sinkt er immer stärker in sich zusammen, so daß ich das Gefühl habe, er hat drei Notbremsen gezogen, die ihn lähmen. Das sage ich ihm. Daran schließen sich zwei Themen an: Er nimmt gerade wieder an einer Fortbildungsgruppe für kirchliche Eheberater teil, wo er in der Gruppe eine für ihn gute Rolle spiele und anerkannt sei, er könne das auch genießen. Dann traut er sich, sich mit mir zu identifizieren, aber mir auch zu sagen, welches seine Position mir gegenüber ist. Zum Geducktsein und der Notbremse: Er dachte immer, man dürfe sich nicht freuen, man dürfe sich nicht zeigen, besonders wenn man sich stark oder wohl fühle, weil man dann eins draufkriege. Man dürfe auch nicht zeigen, daß es vorwärts geht. Ich sage ihm, ich könne jetzt die Spannung kaum mehr aushalten zwischen seinem Kraftgefühl, das aus allen Poren dringe, und den drei lähmenden Notbremsen. Er ist froh, daß ich das erkannt habe, auch, daß ich es offensichtlich so stark im eigenen Körper

spüre. Er ist dann nicht so allein oder nahe am Verrücktsein. Dann fängt er wieder an, sich Gedanken zu machen, redet viel. Ich äußere die Idee, seine eigene anstrengende Notbremse körperlich von außen darzustellen. Ich bringe ihn dazu, vor dem Spiegel meinen Schreibtischstuhl zu stemmen, als ein Symbol der Last des Verbots. Das bedeutet eine große Befreiung. Aber der Stuhl ist für zwei Hände zu leicht. Er stemmt ihn mit einer Hand, dann mit der anderen. Den ganzen Körper hält er dabei gestreckt. Das Gesicht wird erwachsen und voll. Er ist fasziniert, daß diese einfache Übung so viele innere Bilder hervorrufen konnte: Von angemessener Stärke, auch Gott gegenüber. Er sagt: »Hier stehe ich!«, es klingt weniger lutherisch, dazu fehlt der trotzige Zusatz »ich kann nicht anders«, sondern mehr renaissancehaft, die lange ersehnte menschliche Vollständigkeit betonend. Nach zehn Minuten setzt er sich ganz zufrieden wieder hin. Er ist stolz, daß er auch vor mir endlich so stehen konnte.
Ich sage ihm meinen Eindruck: Ein Teil dieser Kraft möchte sich an meinem Körper abarbeiten. Mir kommt das alemannische wie elsässische Wort »lupfen« in den Sinn, das ihn sofort begeistert. Ich erinnere mich an Kindervergnügen, wo wir versuchten, einander zu »lupfen«, und später dann Erwachsene, etwa die Eltern, und wie meine Mutter wütend und angstlustig schrie, als ich sie zum ersten Mal vom Boden hob. Er ist vollkommen überrascht, daß er mich lupfen dürfe. Zum Wort »lupfen« selbst hat er viele Assoziationen: Daß er mir seine Kraft zeigen kann; daß er seine Kraft erproben darf; ob ich seine Kraft akzeptiere etc. Er hebt mich spielend vom Boden, umklammert meine Brust, ist erst scheu, dann begeistert, dreht sich und schwenkt mich im Kreis. Ich anerkenne seine Stärke zunächst auf der Kindebene, dann auch beim Erwachsenen. Ich hatte diese Stärke nicht erwartet, weil er so oft leidend und zusammengekauert kommt, wie ein ausgehungertes, verzweifeltes Kind.

Vier Tage später
In der Tür schon zeigt er strahlende Freude. Als er sich setzt, hat er schon wieder die Notbremse angezogen, um seine Kraft und Freude nicht zu zeigen, weil er sonst einen Dämpfer be-

kommen könnte. Die Verwandlung erfolgt auf der Schwelle, in weniger als einer Sekunde.
Eine Woche Fortbildung habe ihm sehr gut getan. Das Wochenende sei sehr kritisch gewesen. Er habe zwar seine Frau nicht bedrängt, aber er sei erstaunt und entsetzt über das Ausmaß seiner destruktiven Phantasien, vor allem seinem zweitältesten Pflegesohn gegenüber, der jetzt siebzehn ist. Er sagt, er sei gut gediehen, aber manchmal, wenn er ihn sehe, fühle er trotz seiner Zuneigung einen abgrundtiefen und unerklärlichen Haß. Der ahne nichts und sei so unbekümmert.
Er kommt beim Nachdenken selber darauf, daß er in diesem Sohn sich selber haßt, weil er so sehr das Waisenkind spürt und eine bestimmte platzgreifende Selbstbehauptung, die dieser Junge naiv und erfolgreich lebt, weil er Haus und Familie als ihm gehörig betrachtet. Bernard war in dem Alter weit neurotischer, sieht sich wieder, ist neidisch, daß der Junge nicht diesen religiösen Zirkus machen muß, um eine Bedeutung zu haben. Diese Einsicht führt aber auch dazu, daß er allmählich ahnt und hofft, er könne mit seiner Frau einmal eine gute Beziehung erarbeiten. Dabei kommen Trauer und Wut hoch. Er sagt, er heule oft stundenlang seit zwei Wochen, spüre Wut und Trauer über die letzten dreißig Jahre, weil er sich so angestrengt habe, Gott zu gefallen, der Kirche zu gefallen, seiner Frau zu gefallen. Einen Bettler um Anerkennung und Gnade nennt er sich.
Es wird ihm allmählich bewußt, daß die vier Pflegekinder einfach eine maßlose Überforderung und Selbstüberschätzung bedeuten, die sich auch wieder auf heiligmäßige Standards gründen. Sie spüren jetzt beide, als ob sie gelebt hätten im unerschöpflichen Dienst an einer höheren Idee, aber auch, wie egoistisch das war. Er sagt, sie hätten das so naiv genossen, daß sie im Dorf aufgefallen seien als christlich und kinderlieb. Alles habe geguckt, wenn die süßen zwei Indiokinder gekommen seien. Es habe dann geheißen: »He der Diakon sowieso, toll!« Er fühlt, ermüdet, aber auch wütend, die Selbstausbeutung, die beide getrieben haben.
Ich drücke meine Vermutung aus, daß das Wiederaufleben seiner destruktiven Phantasien auch mit seiner Beziehung zu mir zu tun habe. Da steht er auf, läuft aufgeregt herum und will es

nicht glauben, weil er so dankbar sei für das, was er in der Therapie erlebe. Allerdings seien ja zwei Wochenstunden für Geld ... und ich würde ja nie zu ihm nach Hause kommen ... Als Erwachsener wisse er das ja, das gehe nicht ... es sei ja Therapie. Und ich ergänze: »Aber als Bernard würde mich das verrückt machen. Solange der nichts anderes mit mir macht, ist das keine tragende Beziehung!« Da leuchten seine Augen auf und er sagt: »Das habe ich bisher nicht denken dürfen, daß es das gekränkte Kind oder den gekränkten Patienten hier in mir gibt.« Er läßt mich in den letzten Wochen noch viel *für ihn* phantasieren, erleben und aussprechen. Erst meine Bilder und Worte machen sein halbbewußtes Wissen und Fühlen legitim und wirklich.

Er teilt einen sehr kleinen Raum mit Polstern im Zimmer für sich ab. Die ganze Welt außerhalb dieses kleinen Raumes sei furchtbar leer. Der Sinn ist, daß er seine Berufswelt und seine Innenwelt anschaut wie jemand, der bisher nie ein lebendiges Selbst gelebt hat, sondern eine Rolle mit irrsinnigen moralischen Auflagen. Plötzlich erscheint ihm seine ganze Lebensszene wie hohl. Und er schaut mich an und sagt, es sei fast nicht auszuhalten, wie überlegen er mich finde: Ich hätte ein Haus, einen spannenden Beruf, Ansehen, gute Sexualität, Geld und vieles mehr. Und er müsse noch dazu beitragen, meinen Lebensstandard und meinen Erfolg zu finanzieren. Dabei könne er sich nicht einmal sagen, daß er einen wesentlichen Beitrag zu meinem Leben leiste, sondern auch da sei ich noch relativ unabhängig von ihm. Als dieser Neid so klar heraus ist, entspannt er sich. Aber wir sind noch nicht hindurch. Ich spüre das, als er erzählt, wie großartig sich in seiner Phantasie mein Leben anfühlt. Und in der Tat geschieht es in dieser Spiegelung aus Bewunderung und Neid, daß ich für diesen Moment zufrieden, stolz und glücklich bin. Gleichzeitig erhöht sich mein Engagement für ihn, und ich weiß, daß ich mich bemühen werde, das, was ich tun kann, für seine Entwicklung auch zu tun.

Der Körper des Vaters als zweite Quelle des Lebens

Drei Wochen, fünf Sitzungen später

Bernard sieht mitgenommen aus, aber nicht unglücklich. Er

habe einen langweiligen Fortbildungskurs hinter sich und eine anstrengende Woche vor sich. Mein Gefühl ist, daß er mitten im Streß ein Auftanken brauche. Wir phantasieren, wie er auf dem Boden oder auf der Couch sich erschöpft fallen lassen könne, dabei aber spüre, daß ich da bin. Ich sage ihm, er müsse ja auch, neben der narzißtischen Bedeutung von Gott und seiner Erwählung zu etwas Besonderem, durch die Bibel und die biblischen Geschichten Geborgenheitsphantasien entwickelt haben, etwa in Abrahams Schoß. Er bejaht. Er habe lange die Abbildung einer Skulptur von »Abrahams Schoß« in seiner Wohnung hängen gehabt. Aber damals in seiner Lehre und Ausbildungszeit und den ersten Berufsjahren habe er sich immer verstanden als der, der Abrahams Schoß anzubieten habe für seine Schüler und Schafe. Ich sage ihm, daß es jetzt darum gehe, dies einmal umgekehrt zu erleben.

Er legt sich auf die Couch. Ich bleibe hinter ihm sitzen. Er liegt zunächst brav auf dem Rücken und denkt und fühlt. Ich merke, wie er sich anstrengt zu fühlen, was los ist. Ich sehe an seiner Halsschlagader, daß er, vermutlich wegen der Annäherung der Regression und der andrängenden Gefühle, starkes Herzklopfen hat. Er faltet zunächst seine Hände auf der Brust, die dann anfangen, nach etwas noch Unbekanntem zu suchen. Ich biete ihm meine Hände zum Finden und halte die seinen. Er tastet an ihnen herum, prüft und untersucht sie und legt dann meine beiden Hände auf seine Brust. Dabei sagt er aufatmend: »Ach«, als habe er etwas entdeckt, wonach die Sehnsucht schon lange suchte. Dann rutscht er ein bißchen hoch, so daß er mit seinen Schultern zwischen meinen Knien liegt, der Kopf auf einem Kissen auf meinem Bauch. Er genießt es, meine Knie an seiner Seite zu spüren und fängt ganz tief an zu atmen. Er spielt sehr vorsichtig mit meinen Händen. Nach etwa zehn Minuten, nachdem er Kraft getankt hatte, beginnen die Hände weiter zu suchen und greifen nach meinen Schultern. Aus seiner Lage heraus kommen ihm meine Schultern sehr mächtig und stark vor, als er sie abtastet. Das war für ihn sehr eindrucksvoll. Er studiert die Architektur meines Körpers wie ein Kind.

Nach etwa einer Viertelstunde der innigen, staunenden Fühlungnahme sagt er, jetzt müsse er einmal aufsitzen. Es beun-

ruhige ihn etwas. Er schaut sich ganz aus der Nähe forschend meine Augen an und holt sich aus dieser neuen Nähe noch einmal die Rückversicherung, daß das möglich und wirklich war, was er gerade erlebt hat, und daß es mir dabei gut ging.
Dann probiert er zweimal, sich seitlich gegen mich fallenzulassen, was er sehr genießt. Als er so in meinem Schoß und gegen meine Brust gelehnt liegt, muß er lachen, weil es in meinem Bauch auch grummelt, vermutlich aus Rührung über sein kindliches Vertrauen und seinen Aufbruch in emotionales Neuland. Als er sich am Ende der Stunde aufsetzt, ist für ihn die Erfahrung wichtig, daß er jederzeit Zugang behält zu seinem erwachsenen Ich.

Drei Wochen, einige Sitzungen später
Bernard kommt rund, gesund, stattlich, gereift herein und freut sich wie ein Schneekönig, erzählt froh über einige Erfolge. Aber nach zehn Minuten sagt er, er sei so verlegen. Er wisse gar nicht, ob diese Rederei etwas bringe. Er könne nicht das ausdrücken, was er fühle, sowohl große Freude, daß ich wieder da sei, als auch Wut. Er hatte »Das erste Jahr« von mir in den Ferien gelesen, von den intensiven Körperszenen stark berührt, und ist und war eifersüchtig und wütend darüber, daß ich, wie er sagt, immer doppelt so viel erlebe, als ich ihm mitteile. Dort schreibe ich ganz offen über mich, und bei ihm mache ich dicht. Das alles würde ich ihm verweigern. Nach einer mühsamen halben Stunde wird klar, daß er intensiv vorausphantasiert hatte, mich stürmisch körperlich zu begrüßen. Aber wir finden lange nicht dahin. Er sagt, er habe eine große Kinderfreude und fühle sich wie der verlorene Sohn. Er druckst herum, wünscht, ja fleht, ich solle ihm helfen.
Dabei werden seine Hände immer unruhiger, was er schließlich selbst bemerkt und anspricht. Er grapsche auch immer nach seiner Frau, fragt, ob ich ihn feige finde. Ich verneine. Allmählich wird mir das Reden um einen heißen Brei der Berührung zu dumm und ich sage, ich hätte den Eindruck, er wolle mich massieren. Er: »Ja! Nein! So etwas Technisches will ich nicht machen.« Ich sage ihm, daß es darum zu gehen

scheine, mit den Händen Kontakt aufzunehmen, nur die Form sei noch nicht klar.
Schließlich will er es probieren. Ich lege mich auf den Bauch auf die Couch, und er kommt ganz scheu mit dem Stuhl dazu. Er fährt mir mit den Händen den Rücken herauf wie ein etwas unbeholfener Masseur. Er massiert mich am Hals. Dann nimmt er mich in der Flankengegend zwischen beide Hände, so daß ich mir wie ein Riesenpenis vorkomme. Er fährt mir das Rückgrat herauf, suchend, rätselnd, unsicher, kann aber schließlich richtig zupacken. Nach einer Pause sagt er: »Ich muß meinen Kopf auf Ihren Rücken sinken lassen.« Er setzt sich neben mich, läßt seinen Kopf auf meinen Rücken sinken und gibt noch mehr Gewicht ab, ruht fünf Minuten und horcht gleichsam in mich hinein. Am Schluß sagt er, diese letzten Minuten seien ganz toll gewesen. Er habe meinen Atem gespürt und mein Herz schlagen gehört. Er ist sehr dankbar, und mir hat es auch Spaß gemacht.
Es war, wie wenn er das Primärbedürfnis eines kleinen Jungen nachgeholt hätte, den Vaterkörper zu erkunden und auf ihm zu ruhen; er meint schließlich, daß er jetzt lerne, besser zu unterscheiden zwischen dem abwesenden frühen Vater und dem, was er sich bei Frauen mit zwanghaften Phantasien und in erotischer Verkleidung holen wolle.

Eine Woche, zwei Sitzungen später
Bernard sieht sehr lebendig aus. Er sei wahnsinnig aufgeregt. Er faßt sich immer wieder ans Herz. Er habe Herzklopfen, sei ungeduldig, habe mit seiner Frau noch immer keine liebevolle Sexualität. Irgendwann möchte er seine erwachsene Sexualität, die er heranreifen fühle, erproben, habe aber Angst, es könne dann eine andere Frau sein als seine eigene. Das würde ihn in Bedrängnis bringen. Aber das Bedürfnis melde sich so stark.
Heute habe er sich nur hinlegen wollen, um zu sich zu kommen in dieser Daueraufgeregtheit von Beruf, Fortbildung und neuem Erleben. Sein Körper sei voll mit sexueller Energie. Er laufe herum wie explosiv geladen, wolle damit aber keinen Quatsch machen.
Er fragt, ob ich ihm etwas dazu sagen könne. Er sei in einer

moralisch unsicheren Lage, wo ich sagen könnte: »Schiebe es auf für deine Frau, selbst wenn es noch ein halbes Jahr dauert«, dann schweigt er. (Ich fühle mich wie ein Priester in einem Jünglingsexerzitium für voreheliches Verhalten.) Dann setze ich den von ihm unvollständig gelassenen Satz fort: »Ich würde beides für denkbar halten: Ein idealer Vater könnte sowohl sagen: ›Spare das auf‹, das sei sozusagen die ältere, moralische, vielleicht kirchliche Version. Und als therapeutisch informierter Vater würde ich sagen:
›Es kann sein, daß mit Ihrer Frau – weil Sie zwanzig Jahre verstrickt und verstritten verheiratet sind – so viel Projektionen verbunden sind, daß eine sexuelle Erfahrung mit einer Nicht-Mutter wirklich mit einer anderen Frau erfolgt.‹« Ich sage ihm, das würden ja heute die Jugendlichen beim Petting oder beim Tanzen machen. (Bei ihm ist die Pubertät ausgefallen.) Ich sage ihm weiter, daß, als er jung gewesen sei und für die Mutter Messen feierte, andere junge Leute schon erotische Erfahrungen hätten sammeln können. Und so würden sich ja auch die Pubertierenden abnabeln, indem sie erkennen: »Das ist die Nicht-Mutter.« Ich könnte mir denken, es hätte seine eigene Legitimität, wenn diese späte körperlich-sexuelle Ablösung von der Mutter mit einer Nicht-Ehefrau stattfinde. Das hat ihn sehr erleichtert. Er sagt: »Sie schaffen mir einen Freiraum, in dem ich das phantasieren kann. Aber es bleibt ja immer noch meine Entscheidung.«

Meine Aussagen in dieser Passage berühren ohne Zweifel ein Thema der therapeutischen Ethik: indem ich es als möglich und gleichwertig darstelle, daß ihm erwachsene Sexualität vielleicht erst gelingt mit einer Frau, über die er nicht in undurchschaubarer Verstrickung mit seiner eigenen Mutter und religiösen Geschichten verbunden ist, eröffne ich ihm durch das Gewicht meines Wortes in der Übertragung einen Raum, den er sich zwar bisher agierend schon genommen hatte, der aber nicht »legitim« war in seinem kirchlich gebundenen Gewissen. Er spürt dies und antwortet sofort und ohne den Anlaß einer Frage sowohl auf die Erleichterung, den Zuwachs an Autonomie, wie auf das Gefühl seiner eigenen wachsenden Verantwortung. Da ich weiß, welches Gewicht er seiner Ehe gibt und wie er um sie kämpft, wie sich die beiden vorsichtig einander anzunähern versuchen, habe ich keine Angst, daß er leichtsinnig wird. Auf der anderen Seite haben sich die beiden die Hälfte ihres Lebens miteinander gequält und sich wenig Freude bereiten können, sich von natürlichen Quellen des Selbstwerts gegenseitig abgeschnitten.

Vorher hatte ich ihm noch gesagt: »Das Ausmaß Ihrer erotischen Spannung hängt mit der Sehnsucht nach einer Begegnung mit der Nicht-Mutter ab. Aber sie ist auch aufgeladen durch Ihre wachsende körperliche Sehnsucht nach dem Vater. Und das würde ich gerne mit Ihnen sortieren, damit die Begegnung mit einer Frau nicht auch noch damit überfrachtet wird.«

Das macht ihn sehr aufgeregt, er hat wieder Herzklopfen, so daß ich vorschlage, sein Herz in meine Hände zu nehmen; er könne versuchen, seine Aufgeregtheit in mich abfließen zu lassen. »Das könnte man versuchen«, meint er, aber es passiert gar nichts. Ich sage, das sei ein interessanter Konjunktiv, halb irrealis, halb potentialis. Jetzt könne ich mir aussuchen, wie es laufen solle. Darauf er: »Nein, das will ich!« Das war die erste klare Formulierung, daß er etwas will und ich nur etwas zur Disposition stelle, was er auswählt. Er gibt mir ein Zeichen für seine Bereitschaft.

Ich lege beide Hände auf sein Herz, das wild und schmerzhaft schlägt, bis es sich ganz langsam beruhigt. Dann wandert der Schmerz hoch in die Herzspitze. Ich muß die Hände dorthin legen. Dann kann er allmählich den Schmerz abgeben. Wir finden heraus, daß der Herzschmerz Befangenheit bedeutet. Er sagt, er fühle sich mir gegenüber und allen Menschen gegenüber manchmal sehr befangen.

Während er so spricht, hat er beide Hände auf dem Penis liegen. Ich frage, wie das für ihn sei. Er sagt, er habe das Gefühl, der Penis dürfe da sein, er sei in Ordnung. Aber er sei eben noch nicht in Aktion. Ich frage, was er denn brauche, etwa einen bestimmten Satz oder Zuspruch. Da formuliert er gerührt und dankbar für mich, mit offenen Augen und vorsichtigem Blickkontakt: »Ich sehe und verstehe, daß du voller sexueller Energie bist. Ich bin einverstanden, daß du die eines Tages erprobst. Das ist richtig so.« Er atmet erleichtert auf,

freut sich, daß das kommende Erwachsene in ihm angesprochen wird, daß er nicht nur Brüste verschlingen will. Das beruhige ihn sehr.
Da er noch Arbeitsenergie und Neugier zeigt, setze ich mich ans Fußende der Couch zwischen seine Beine. Er umklammert mich mit beiden Beinen. Es ist für ihn ein überwältigendes Erlebnis. Er macht zunächst nur die Knieklammer und hält Abstand mit dem Becken. Ich ermuntere ihn, mit mehr Kraft sich an mich heranzuziehen, mit allem, einschließlich dem Damm und den Genitalien, die Berührung aufzunehmen. Das tut er dann auch, zuerst vorsichtig, dann klammert er mit voller Kraft, fühlte sich wie ein Mann auf dem Pferd, wie ein Kentaur, findet es hinreißend und sagt: »Da geht ja unheimlich Zeugs in mich hinein.« Das habe er nie für möglich gehalten. Und läßt sich ganz geöffnet auf den Rücken fallen, nachdem er sich auch an mir hochgezogen hatte. Im Ausruhen meint er: »Ich stelle mir vor, so werde ich auch nach dem Koitus mit der Frau daliegen. Jetzt ist es anders. Ich bin nicht sexuell erregt. Aber ich bin voll von Kontakt mit Ihnen, mit dem ganzen Körper.« Ich habe das bekräftigt. Er geht nach einem Blick auf die Uhr eine Minute vor Schluß der Stunde: Das sei seine eigene Entscheidung.

Die Frau, seine Frau, meine Frau, Mütter und Schwestern
Drei Tage später, etwa die 60. Stunde
Bernard und seine Frau sind überraschenderweise zusammen gekommen. Er ist verlegen, sie strahlt mich scheu an, hat sich sehr weiblich, wenn auch leicht aufgedreht, angezogen. Sie setzen sich, Bernard fängt an zu sprechen, mit Mühe und langen Verlegenheitspausen. Ich sehe zum ersten Mal eine rührende Geste bei ihm: Er steckt beim Reden ein Stück Daumen in den Mund. Als ich es, nach Ankündigung, vorsichtig nachmache, errötet er und sagt: »Oh, das war jetzt ein Eigentor.« Ich: »Wir wissen ja noch gar nicht, was es bedeutet. Ich würde das nicht so entwertend sehen.«
Er und seine Frau haben zur Zeit gar keine körperliche Beziehung, weil sie sich aus einem schrecklichen Übertragungsclinch herausarbeiten wollen. Ab und zu wird er aber ungeduldig. Seine Frau hat vor und während der Ehe gelegentlich

sexuelle Kontakte mit anderen Männern gehabt. Er hat das Gefühl, sie hat einen Vorsprung. »Das ist besonders schlimm für mich, wenn Gäste da sind, vor allem Paare, weil die dann denken, wir sind richtig verheiratet.« Dann bedrücke ihn die Differenz zwischen Realität und vorgespielter Normalität. Hinterher komme es immer wieder zu schweren Streitereien.
Ich erkläre ihr, was ich mit »psychoanalytischer Verlobung« meine, einen Ausdruck, den ich ihm gegenüber gebraucht hatte: Beide wollen oder müssen so lange warten, bis jeder weiß, daß sie ihre Sexualität in eigenen Besitz genommen haben, außerhalb quälender Elternübertragungen und Mißbrauchsverstrickungen. Sie meint, sie komme aber durch seine Ungeduld immer wieder unter Druck. Er hält dagegen, er wolle ja oft gar keine Sexualität, sondern nur, daß sie in Gesten das Neue ausdrücken könnten: Solidarität, Zärtlichkeit, Nähe, Unterstützung. Er hat offensichtlich bestimmte Vorstellungen und Bilder, die sie aber nicht kennt. Denn sie meint, daß sie die neuen Gefühle für ihn zwar ausdrückt, er jedoch ihre neue Sprache noch nicht verstehe. Er ist sehr unglücklich, daß sie es nicht zusammen schaffen, die neuen Gefühle entsprechend zu zeigen.
Ich sage ihm, er habe nie experimentieren oder Erfahrungen sammeln können mit einer Frau, deshalb habe er präzise Bilder im Kopf, wie Begegnung und Nähe stattzufinden habe. Ich ermutige ihn, etwas über das Bilderbuch im Kopf zu sagen: Wie er sich wünsche, daß seine Frau sich ihm gegenüber ausdrücken solle. Mein Phantasie sei, er habe in seinen einsamen Zeiten als Kind und Jugendlicher Bilder aufgenommen, nach deren Realisierung er sich sehne. Ich habe Bibelillustrationen vor Augen, aus denen ich mir zwischenmenschliche Vorgänge erklären mußte, zum Beispiel die Bilderbibel von Schnorr von Carolsfeld, die mir als Kind viel bedeutet hat. Er bestätigt, daß es romantische Bilderbücher gebe. Ich spreche seine Kunstkenntnisse an und füge zögernd hinzu: Es könnten auch Filme sein. Da muß er verschämt lachen und sagt: »Ja, damals, zwischen 14 und 16, bin ich neunmal in den ›Sissi‹-Film gegangen, das sind unauslöschliche Bilder geworden, weil das Kaiserpaar in dem Film zwar auch Krisen zu überstehen hatte, aber Sissi

hat sich so wunderschön an den Kaiser geschmiegt, um ihre Loyalität und Zuneigung auszudrücken.« Und immer wieder sei sie von selbst gekommen und habe Posen eingenommen, die ihm geholfen hätten, an ihre Liebe zu glauben, obwohl es auch politische Probleme zwischen ihnen gab.
Seine Frau reagiert erleichtert und sagt, sie habe etwas kapiert. Sie verstehe jetzt, daß er wirklich ein Bilderbuch im Kopf habe. Als ich ihm sage, daß viele Kinder und Jugendliche und auch noch Erwachsene sich an solchen Vorbildern orientierten, läßt seine Scham nach. Sie gehen ganz hoffnungsvoll weg.

Vier Tage später
Die Patientin vor ihm ist pünktlich gegangen, und ich fühle mich von einem wichtigen Schritt in der Körperarbeit mit ihr, eine heftige Szene von »liebevoller Gewaltsamkeit«, fast aufgedreht lebendig, hatte ein gutes Kraftgefühl. Ich hole Bernard schon zwei Minuten vor der Zeit herein, was ihn überrascht. Er ist heiser: Er habe am Vortag im Auto wahnsinnig geschrien, sich selber angeschrien. Er sei so verzweifelt gewesen. Er bringt ein Buch mit von einem Autor, zu dem er in ein Gruppenseminar über ›Schreiben‹ gehen will. Der Autor schildere verschiedene seelische Labyrinthe, die man auch während einer Therapie durch schriftliche Erinnerungen aufhellen könne; er verbinde die Riemannschen Angstformen mit Labyrinthen, in denen man sich verirrt. Bernard findet das sehr ansprechend und hofft, mehr zu seiner Analyse beitragen zu können. Sicher ist ein Stück Identifizierung mit meinem Schreiben dabei. Sein schwarzes Labyrinth sei eine frühe Verzweiflung, in der er einfach überhaupt nichts mehr sehe, wo er nichts Verläßliches mehr spüre in sich. An dem Schreibseminar kann er zu seiner Verzweiflung nicht teilnehmen, sagt in letzter Minute ab, weil er sich einfach nicht traut, außerhalb seiner eigenen Wohnung zu schlafen. Er fürchtet eine Panik, die ihn schon bei früheren Versuchen gezwungen hat, mitten in der Nacht weite Strecken zu fahren, um nach Hause zu kommen, in die Körpernähe zu seiner Frau und den Kindern.
Er scheint sehr bedürftig nach Trost heute. Ich spüre deutlich, daß ich sehr lebendig und gar nicht geneigt bin, tröstliche

Dinge zu sagen, die kein fühlbares Echo in ihm finden. Ich sage, daß ihm das Lebendigsein immer wieder verlorengehe, aber wir wüßten auch, daß er in den Stunden meist wieder lebendig geworden sei. Das sei zwar noch nicht als sichere Quelle in ihm selbst wirksam, aber doch zwischen uns mittlerweile ganz verläßlich.

Ich merke, daß ich der intensiven körperlichen Interaktion mit der vorigen Patientin noch nachhänge, bin nicht voll konzentriert auf ihn. Es ist, wie wenn ich mich jetzt zu rasch dem nächsten Kind zuwenden und dabei etwas Kostbares im eigenen Körper verlieren würde. Das ist natürlich gelegentlich ein Problem in der Körperpsychotherapie – aber gar nicht verschieden von Fragen der Kapazität von Eltern mit mehreren Kindern.

Meine Unsicherheit nutze ich dazu, um zunächst, trotz seiner evidenten psychosomatischen Verzweiflung, im Sprachraum zu bleiben, verwende aber mein Körpererleben zu einer Identifizierung mit seiner Mutter, deren Körper aus ganz anderen Gründen ihm als Kleinkind plötzlich auch nicht mehr zur Verfügung stand. Ich sage also, daß die vorangehende Stunde für mich sehr intensiv gewesen sei. Mein Körper sei noch erfüllt davon, und ich zögerte, mich ihm ganz zuzuwenden. Aus dem Eigenerleben spürte ich an meiner Unfähigkeit, mich körperlich auf ihn einzustellen, was mit seiner Mutter und ihm als viertem Kind losgewesen sein könnte im Krieg und nach dem Bombenangriff, und ohne Vater und mit vier Kindern, die wohl alle nach Zuwendung schrien. Sie war einfach als warmes, gelassenes Muttertier für ihn gar nicht mehr da. Sie sei vielleicht noch routinehaft, selbst verkrampft, symbolisch oder unempathisch mit ihm umgegangen.

Er sagt, er könne das bestätigen. Er habe immer das Gefühl gehabt, die Mutter meine ihn gar nicht. Meine Mitteilung kränke ihn zwar und mache ihn wütend, aber der wichtigere Teil von ihm sei froh über die Erinnerung und könne meine Erklärung und den Schmerz, weil ich es so offen gesagt hätte, akzeptieren. Er fügt hinzu, das gebe es auch immer wieder zwischen seiner Frau und ihm: Er sei sich oft nicht klar darüber, ob sie ihn meine, und umgekehrt. Er wird bei diesem Thema so aufgeregt, daß er immer wieder aufstehen muß.

Fünf Minuten vor Schluß merke ich, daß meine Kraft nachläßt. Ich will noch immer ein Stück meines Körpergefühls aus der vorigen Stunde konservieren und es nicht durch die Arbeit mit ihm verschütten. Ich sage ihm, es wäre mir am liebsten, wir könnten das nächste Mal fünf Minuten länger machen und jetzt aufhören. Das paßt wohl auch zu seiner Stimmung, er sagt noch: »Ja, ich sehe auf Ihrem Gesicht, daß Sie eigentlich auf das Stundenende warten.« Ich finde, daß er meine Ungeduld stärker wahrnimmt als ich sie selbst spüre, sehe aber mein Gesicht ja nicht und welche Zeichen er sieht und mit seinen frühen Erfahrungen verbindet, die ihn sicher hellsichtig und übersensibel machen. Für mich ist es eher ein Deal zugunsten eines realistischen Umgangs mit meiner Konzentration. Denn es war eine intensive Stunde. Er geht dann aber sehr versöhnlich weg.

Während der Stunde kam noch ein Happen omnipotentes Unglück in ihm hoch. Er habe sich gestern im Auto angeschrien: »Du Arsch. Wieder hast du etwas nicht geschafft!« Ich sage ihm, das erscheine vielleicht nur so, wir müßten uns auch sein Leistungsprogramm anschauen. Wenn ich mir überlegte, wessen Stimme das sei, die immer unzufrieden sei und ihn beschimpfe, kämen mir einige Bilder. Da fällt es ihm selbst wie Schuppen von den Augen, daß er sich seit zwanzig Jahren immer überfordert und sich Aufgaben und Ziele stellt, die außerhalb seiner seelischen Möglichkeiten liegen. Die schreiende Stimme scheint zusammengesetzt aus einem überhöhten strengen und fordernden Vater, aus Gott und der Mutter, die den Priester aus ihm machen wollte. Dann sagt er aber tief resigniert: »Was soll ich denn machen? Wenn ich mich nicht überfordere, fühle ich mich leer.« Also ist Überforderung ein Mittel der Selbststimulierung. Es ist eine Art masochistischer Selbst-zu-Selbst-Beziehung, ein innerer Kampf der Stimmen und Instanzen, der ihn quält, aber der ihn auch sich selbst fühlen läßt.

Es wird eine Brücke für ihn zurück zu der inzwischen gewonnenen Stärke, als ich ihn frage, was ihn so gekräftigt habe, daß er sich an das dunkle Labyrinth herantraue. Die Ermutigung führt er dann auf mehrere Quellen zurück: Vor allem auf die Umklammerungsaktion in der vorigen Stunde. Es sei wie die

Rettung eines Ertrinkenden gewesen. Es schuf auch die Möglichkeit, überraschend seine Frau mitzubringen, weil beide so verzweifelt sind. Seine Frau saß sonst, in den wenigen Vierergesprächen, da wie eine graue Maus. Als sie heute kam, sprach ich gleich zu Beginn überrascht an, was ich sah: »Blaue Strümpfe. Eine Hose aus Rohseide, die Ihnen gut steht, und eine leuchtend bunte Bluse.« Sie strahlt. Bernard meint, er habe seine Frau noch nie so strahlen sehen. Sie hätte mir regelrecht entgegengeblüht. Und das habe, wie er später berichtet, auch noch zwei Tage angehalten.
Der Mut, in das schwarze Labyrinth zu gehen, hängt also auch damit zusammen, daß er spürt: In mir sei auch für seine Frau etwas da, was sie zum Blühen bringen kann – was ihn allerdings auch zur Verzweiflung treibe. Deshalb war er auch so froh, als ich sagte, daß *zwischen* uns beiden etwas sei, was ihn immer wieder aus dem Loch hole. Wie kompliziert die Übertragungskonstellation ist, auch in Gegenwart ihrer Analytikerin, wird deutlich am Wandel der Kleidung, wenn sie nicht dabei ist. Soweit ich mich erinnere, wird beim Vierergespräch für seine Frau eine frühe Familienkonstellation virulent, bei der die Mutter ihr quasi verbietet, ihre liebevollen Gefühle für den Vater zu zeigen. Fehlt sie, dann darf sie ein Hingerissen-Sein und Sich-ermutigt-Fühlen zeigen. Allerdings könnte es im Untergrund auch ein Mißbrauchsthema zwischen Tochter und Vater geben. Das muß ihre weitere Analyse klären.
Die Wirkung von mir als Übertragungsfigur, als ermutigende väterliche Person für die Frau zu sehen, machte es Bernard möglich, anzuerkennen, daß er mich noch lange braucht. Vielleicht meldet er damit auch deutliche Besitzansprüche an. Aber als er sieht, wie leicht seine Frau in eine glückliche Abhängigkeit von mir eintauchen könnte, wird es auch ihm leichter möglich, seine eigene Abhängigkeit anzunehmen. Ich sage ihm dann, daß wir zusammen das Kraftwerk bilden, das im dunklen Labyrinth Licht machen könne.

Wut, Verführung, Alkohol, Neid und Halt

Eine Woche, eine Sitzung später

Ich höre Bernard von unten bellend husten, es klingt wie drohende Wut, doch aus großer Entfernung. In der Stunde entschließe ich mich, auf das Husten akkommodierend zu antworten, das heißt, mit Lauten und Gesten zu reagieren. Er kommt strahlend herein, sobald er aber im Sessel sitzt, sackt er in sich zusammen und fängt an zu brüten. Als ich frage, was mit ihm geschehe, versinkt er noch tiefer ins Grübeln. Der Husten kommt wieder. Er ist sehr froh, als ich selbst laut hustend akkommodiere, also ein Echo gebe auf den noch unklaren aggressiven Teil in ihm. Er staunt über diesen Dialog zwischen abgespaltenen Teilen.

Er erzählt einen Traum: Er sei bei einem Schreibseminar, das, wie viele andere Seminare, in meinem Gruppenhaus stattfinde. Die anderen Teilnehmer müßten im Gruppenraum und in Doppelzimmern schlafen, ihm gebe ich einen Raum in meiner Wohnung, wo er umsonst wohnen könne. Ich begründe das so: »Du bezahlst mir so viel. Das kann ich dir jetzt mal schenken.«

Es wird uns klar, daß das Geld noch etwas anderes bedeuten muß, nämlich: »Bernard bringt mir sehr viel.« Er präzisiert das und spricht damit gleichzeitig die noch wenig thematisierte religiöse Dimension der Gnade an, als die er die Therapie in der Wiederholung seiner religiösen Hoffnungen bei mir erlebt: »Einerseits denke ich, wer bei Ihnen Therapie machen darf, muß etwas ganz Außergewöhnliches an sich haben, entweder ein besonderes Schicksal, oder er muß außergewöhnliche Fortschritte machen oder Interessantes bieten.« Er sagt auch, er habe ja immer Angst, wie lange ich ihn behielte. Darauf ich, nach einigem Nachdenken: »Wenn ich in Ihrer Situation wäre, wüßte ich, daß das auch demütigend sei, der Bittende zu sein, derjenige, der auf die Fortsetzung der Gnade hoffen muß. Das Unbewußte muß also entsprechende Größenphantasien ausbilden, wo es die Sache umdreht und sagt, daß es selbst ja die wertvollsten Dinge enthält und mitbringt.« Ich vermutete, es handelt sich dabei um seine Kooperationsbereitschaft oder um das Ausmaß seiner Zuneigung. Das stimme beides: Er sei ein liebender Meisterschüler. In einer anderen Stunde, in der er den Kopf an meine Schulter lehnte, war ihm der Lieblingsjünger Johannes eingefallen.

Als wir auf die Patientin zu sprechen kommen, die vor ihm oft strahlend aus der Stunde schwebt, und ich frage, wie er es

erlebe, sagt er: »Ja, Frauen haben es besser. Die können besser flirten.« Pause. »Aber ich kriege ja auch etwas. Ich kann mich mit Ihnen identifizieren, und wir arbeiten kräftig.« Ich greife Ersteres, das Flirten, auf und frage, wie wir seine bewundernde Verliebtheit klarer leben könnten.
Mit der Patientin hatte ich in einer dramatischen Phase kürzlich mehrfach die Stunde um einige Minuten überzogen, was er vom Warteraum aus kontrollieren kann. Er fragt mich, was das Geheimnis sei, daß eine Frau dies schaffe, und bei ihm machte ich immer pünktlich Schluß, was nicht ganz stimmt. Dieses Gespräch war so spannend, daß er plötzlich sagt, er glaube, es sei Zeit aufzuhören. Da haben wir aber, ohne es zu merken, schon elf Minuten überzogen und lachen. Ich gratuliere ihm: »Jetzt haben Sie mich verführt, die Zeit zu vergessen. Sie können es also auch.«

Eine Woche, eine Sitzung später, Gespräch zu viert in der Praxis der Analytikerin in Frankreich.
Bernard und seine Frau hatten einen schweren Krach gehabt und waren deshalb mit zwei Autos gekommen. Während seine Muttersprache Elsässisch ist, spricht sie, die als Deutschlehrerin und aus verwandtschaftlichen Gründen früher oft in Deutschland war, sehr gut hochdeutsch, wenn auch mit leichtem französischen Akzent. Er klagt, er habe zwei düstere Tage gehabt. Sie hatte Geburtstag, und er habe das schlecht vertragen. Es waren viele Leute gekommen, die sie mögen. Er sei in Panik geraten, ob er es je schaffe, zu lieben und geliebt zu werden. Er fühle sich von ihr nicht richtig anerkannt. Er kriege doch immer wieder Angst wegen anderer Männer. Im Wartezimmer, das ich für zwei Minuten mit ihnen teile, weil wir warten, bis die Kollegin ihre Stunde beendet hat, scheinen beide noch guter Dinge. Im Sprechzimmer sitzen sie dann nebeneinander, wir Therapeuten, da auf dieser Seite mehr Platz ist, etwas auseinander. Die beiden sacken rasch in sich zusammen und sehen aus wie die armen Sünder. Auch als ich es anspreche, bleibt es noch eine ganze Weile so. Ich sage dann: »Vielleicht schämt ihr euch beide, daß ihr euch wieder so verstrickt habt.« Einmal fährt sie ihn sehr massiv an: »Red' doch von dir«, worauf er noch mehr zusammenfiel. Es kommt her-

aus, daß sie etwas Bedrohliches an sich hat, wenn sie so scharf spricht. Aber auch er kann sie sehr einschüchtern. Dann wird deutlich sichtbar und hörbar, wie sie sich in die alten Muster hineinzerren. Ihre Schärfe kann, so plötzlich explodierend, wirklich erschrecken. Die sexuellen Gewaltszenen enden übrigens meist mit einem strengen Verweis von ihr und anschließendem Mitleid und Trost. Es scheint ein Kinder-Gewalt-Eltern-Angriffs- und Straf-Spiel, nach dem er weinend auf dem Boden im Türrahmen sitzt und um Gnade fleht, eine Art sadomasochistisches Ritual mit religiösem Einschlag, bei dem sich wohl beide an Elternimagines rächen.
Bernard beichtet: Er gerate immer wieder in Panik, trinke, drehe durch und bedränge sie. Uns wird, in kooperativen Einfällen, klar, daß die Panik etwas darstellt, was Pesso ›negative nurturance‹ nennt: Die Panik war das Gefühl des Säuglings und des Kleinkinds mit der stärksten Selbst- und Realitätserfahrung; sie hat sich also direkt mit dem Selbsterleben verbunden. Also, faßt Bernard zusammen: »Panik ist schrecklich, aber dann weiß ich, daß ich lebe, ich fühle das. Das ist die intensivste Seinsform. Und gleichzeitig habe ich noch das Anrecht, Notmaßnahmen zu treffen, also zu schreien, zu trinken oder zu klammern.« Da sagt die Analytikerin etwas scharf: »Ah, Sie benutzen das wie eine Droge.« Sie hat einen leicht negativen Affekt in der Stimme, vielleicht sogar manchmal eine negative Gegenübertragung. Es ist für ihn ein bißchen viel, aber er kann sich selber wehren und schaut mich stolz und strahlend an.
Ich sage, die Panik habe in ihm einen großen inneren Raum eingenommen. Sie sei der sicherste Weg, altvertraute Identität zu haben. Dieser Raum sei noch leer, wenn die Panik geringer werde, er habe noch wenig neues Lebens- und Identitätsgefühl, das die Panik ersetzen könne. Aber die gelegentliche Explosion des Gegenteils, der Freude oder der Vorfreude, etwa auf mich oder die Stunde oder einen Kampf mit mir sei ein Zeichen, daß der Frühling Einzug halten wolle. Doch das gehe noch nicht aus eigener Kraft, sondern in starker Abhängigkeit von mir.
Seine Frau steht befremdet vor seinem strahlenden Lächeln, weil sie so viel Ermutigung von ihm nicht bekommt, obwohl

das eine zäh festgehaltene illusionäre Hoffnung von ihr ist. Aber sie sieht bei ihm wenigstens etwas Neues aufscheinen, wozu sie noch keinen Zugang hat. Umgekehrt sieht er auch neue Gefühle, Gedanken, Gesten bei ihr, die er noch nicht angemessen mit ihr teilt. So ist der therapeutische Raum vorerst der einzige Ort, wo sie das Neue einander zeigen können.

Der Tod des Vaters und der Körper des Sohnes

Zwei Wochen, drei Sitzungen später

Bernard kann diesmal sagen: »Ich bewundere Sie, ich beneide Sie, ich mag Sie, ich hasse Sie manchmal.« Er habe den Auftrag von seiner Frau, das letztere endlich zu sagen. Denn er trete auf gemeinsamen Spaziergängen zu verbalen Schimpftiraden nach mir, was sie sehr befremdet, aber auch erleichtert. Nicht nur die kindliche Liebe, auch der kindliche Haß fließt von ihr weg, und sie darf oder muß zuschauen dabei.

Er hatte und habe unglaubliche Kreuzschmerzen, es hänge mit mir zusammen. Es müsse bei einem Kontakt ein fester Teil von mir in ihn übergehen zur Heilung. Er traut sich aber nicht, es sich zu holen. Wir sprechen über die Hemmung, daß er das Selbstverständliche nicht tun könne: Eine Szene der Übergabe zu arrangieren. Wir wissen noch nicht, was es wäre. Es spielt eine Rolle bei der Abwehr der Berührung, daß er erst wissen wolle, wer ich in einer solchen Szene sei. Es werden religiöse Gefühle wach. Aber ich sei nicht wie der christliche Gott. Er fühle sich abhängig und spüre Wut. Ich phantasiere, ich könnte ein griechischer Halbgott oder Gott für ihn sein, von dem man ja sagt, daß er auch saftig lebt, auch launisch sein kann, und der viel mehr konkrete menschliche Eigenschaften habe; der einen sowohl narren wie segnen, bevorzugen wie ablehnen als auch einem das Kreuz brechen könne, aber auf einer eher interaktiven, vitalen Ebene. Das leuchtet ihm beinahe ein. Er werde darüber nachdenken.

Dann kommt er auf seinen Vater zu sprechen. Ich sage ihm, daß er nie einen Vater gehabt habe, der ihm das Kreuz gestärkt und ihm Halt gegeben habe. Dann erzählt er, soweit er es weiß und vielleicht auch verklärend überhöht, wie sein Vater umgekommen sei. Er ist sehr bewegt. Der Vater sei der Anführer einer kleinen Gruppe gewesen, die fliehen wollte. Sie seien zu fünft gewesen, aus der Ferne kamen deutsche Soldaten oder Polizei oder SS auf sie zu, um das Gebäude zu umstellen. Der Vater habe seinen Kameraden gesagt, sie sollten sich ergeben, als sie die Übermacht sahen. Ein Kamerad habe ihn dann von hinten erschossen, als er mit einer weißen Fahne hinausgegangen sei.

Daraufhin sage ich ihm, dann sei sein Vater ja ein Held gewesen. Er habe eine Unternehmung abbrechen wollen, die alle in den Tod geführt hätte. Bernard fängt an zu weinen. Plötzlich öffnet sich ein riesiges Tor zur Idealisierung, gegen die Verachtung der Mutter, die den Vater immer wieder auch für dumm und vielleicht für feige erklärte.

Wir stellen uns vor, daß er die Chance einer Begegnung mit dem Vater auf dem Sterbelager habe. Er setzt sich nach einigem Zögern gegen meinen Rücken, den ich ihm als Rückhalt anbiete, und wendet sich der Couch als Bahre zu, auf der der Vater liegt. Er siezt den Vater zunächst, aber nicht aus der französischen oder elsässischen Tradition des Vous oder Ihr für die Eltern. Er war ihm einfach fremd. Er war auch gefährlich, weil er die Mutter in den Himmel heimholen konnte. Und jetzt merkt er: Wir sind in einer Szene, wo er allein den Vater begrüßt, ohne die sofortige Enteignung durch die Mutter. Ich habe sogar das Gefühl, er möchte etwas für den Vater tun: Ihm die Wunde verbinden oder ihm beistehen beim Sterben, was nur er allein als Sohn könne. Er bejaht, und es wird klar, wie tief er die Sterbeszene des Vaters mit vergessenen oder verdrängten Bildern der Nähe umrankt hat. Dann sagt er zu ihm: »Ich merke, wie entsetzlich allein du bist. Du bist weit weg von uns und darfst nicht nach Hause.« Die erste Identifikation gilt also, nach der Wunde, der Einsamkeit des Vaters. Dann, nachdem ich ihn ein bißchen ermutigt hatte, sagt er: »Irgend etwas muß toll an dir sein.« Er ist sehr erschüttert. Seine Kreuzschmerzen verbinden sich direkt mit dem Schuß ins Kreuz des Vaters. Es ist eine somatische Verbindung. Diese Kreuzschmerzen kommen seit Beginn der Therapie immer wieder. Die Wunde des Vaters hat wieder zu schmerzen begonnen.

Er sagt noch, wie wichtig es für ihn sei, daß der Vater im Chaos der Flucht oder der verzweifelten Auflehnung diese Entscheidung der Vernunft getroffen habe, weil er sich selbst oft so chaotisch fühle, überschwemmt, panisch, ohne Verstand. Am stärksten bewegt es ihn, als ich sage, daß sein Vater fast ein Märtyrer sei. Er stehe für die Vernunft und wurde dafür erschossen.

Zehn Tage später, nach der Pfingstpause
Bernard sagt, in den zehn Tagen Pfingstpause sei es acht Tage lang gut gegangen. Dann habe er einen schweren Rückfall gehabt. Als er seine Frau umarmen wollte, habe sie ihn zurückgestoßen, weil sie spüre, jede Nähe zu ihm bringe ihren Vater in ihr hoch. Der Streit sei auch wieder eskaliert. Sie konnten aber darüber reden. Das ist neu. Beide waren sehr erschrokken. Einer mußte aus dem Haus. Seine Frau ging in sein Zimmer, das er inzwischen für sich bei seiner Arbeitsstelle gefunden hat. Von dort habe sie ihn angerufen. Da war er noch das wimmernde Kind, das auf Mitleid pocht. Das habe er gemerkt und aufgelegt. Und nach einer Stunde habe er sie angerufen und gesagt, er sei wieder klar, sie könne wiederkommen, was sie dann auch tat.
Er wirkt vollkommen ausgelaugt und sehr regrediert. Der Rückfall habe seine ganzen Kräfte aufgezehrt. Ich sage ihm, daß ich in bezug auf ihn überhaupt keine resignativen Gefühle hätte. Er berichtet, er habe in der Zwischenzeit viele Phantasien gehabt, mich zu berühren. Er habe raufen und seine Kraft an mir erproben wollen. Es kommt aber in der Stunde nicht zu erholsamem Hinliegen oder zu kämpferischer Berührung.
Er bringt auf Umwegen ein ganz neues Thema: Er habe Angst vor der Berührung. Ich phantasiere über seine Ängste, er hört gespannt zu, merkt aber, daß ich zwar wichtige Zusammenhänge anspreche, aber nicht den für ihn heute zentralen. Schließlich gesteht er, seine schlimmste Vorstellung sei: Wenn er mich berühre, kriege er eine Erektion. Dann hätte er alles kaputt gemacht, ich würde ihn wegschicken und »bäh« sagen. Ich vermute, daß seine Mutter immer weggeguckt oder ihn getadelt oder gar erschrocken bestraft habe, wenn er als kleiner Junge eine Erektion hatte. Er habe das Erschrecken der Mutter bemerkt, und ihre Sanktionen müßten ihn sehr getroffen haben.
Er atmet tief auf: Es sei für ihn aber schon ungeheuerlich, daß

wir darüber reden könnten. Dann kommen wir aufs Validieren und seine Wirkung auf ihn. Da ich nicht genau spüre, was er braucht, bitte ich ihn, selber Supervision für mich zu machen und mir zu sagen, wie ich mich verhalten solle. Er sagt: »Der Vater würde sagen, wie ich mich verhalten soll. Er würde sagen: ›Das ist in Ordnung, die Erektion. Das darf sein.‹« Ich wiederhole den Satz. Dadurch füllt sich bei ihm ein Leerraum. Der Vater sei auch stolz auf ihn als Jungen. Noch einmal meint er, es sei wirklich ungeheuerlich, was wir hier ansprechen könnten. Er hätte überlegt, wegzubleiben aus Angst vor einer Erektion. Wir kommen noch auf einen wichtigen Augenblick in seinem Leben, als er nämlich mit siebzehn ein Gelübde abgelegt hatte, er werde nie so eine Schweinerei begehen wie mit einer Frau zu schlafen.
Der Widerstand funktioniert hier nicht nur so, daß das Über-ich Angst macht. In solchen Phasen der Therapie gibt es auch einen tiefen Identitätswiderstand: Der alte Adam leistet Widerstand. Denn er droht, seinen Sinn zu verlieren, er spürt plötzlich, er steht vor einem versäumten Leben. Das ganze Lebensgebäude wehrt sich und sagt: »Das kann doch nicht sein, daß ich meine ganze Kraft für die Stützung eines falschen Lebensplanes benutzt habe.« Er meint: »Aha, der alte Adam kämpft gegen den neuen«, und will den neuen stärken.

Eine Woche später, etwa die 70. Stunde
Nach einer Woche Pause kommt Bernard voller Energie und wußte und weiß nicht, wohin mit seiner Kraft. Es klingt relativ omnipotent. Es ziele viel zuviel von seiner Wucht auf seine Frau. Er sitzt da wie ein Kraftpaket ohne Richtungssinn.
Das Gespräch geht zunächst darum, wie er in seiner Pubertät mit seiner Kraft umgegangen sei. Da habe er seine Kraft nie im Guten gebrauchen können, weil er immer als der Schusselige galt, dem man nichts zutraute. Er mußte zwar Kohlen holen, aber es waren, neben der Kompetenz seiner Brüder, immer nur »lächerliche Sachen«, die für ihn zu tun blieben. Er stand immer unter dem Mißtrauen, daß er mit seinen Fähigkeiten Unheil anrichte. Dieses Mißtrauen gegenüber seiner Kraft bremst ihn noch heute so stark, daß er immer noch Mühe hat, einen anderen Beruf überhaupt ins Auge zu fassen.

Er macht Bewegungen mit den Armen um seinen Körper, wie wenn er einen Berstschutz um sich legen möchte. Er zögert aber, mich zu berühren. Wir reflektieren über das Zögern. Es sei heute weder Homosexualitätsangst noch Angst vor zu großer Abhängigkeit. Wir sprechen noch einmal über seine Angst, eine Erektion zu bekommen. Als diese Angst erneut benannt war, fühlt er noch einmal einen Zuwachs an Kraft; es war klar, daß der ideale Vater die Zeichen der Männlichkeit einfach als normal und erfreulich validieren konnte. Dann kann er auch dem Vater oder großen Bruder seine Kraft, für die die Erektion ein Symbol ist, unbefangen zeigen.
Da er bei dem Berstschutz mit den eigenen Armen wie gefesselt aussieht, umschlinge ich ihn, immer nach Rückfrage und Ankündigung, von hinten, und er versucht, sich zu befreien. Es gelingt ihm nicht, aber er versucht es auch nicht mit voller Kraft. Er ist begeistert von dem Kontakt, staunt. Damit er umgekehrt sehe, wie ich es meine, lasse ich ihn mich festhalten. Ich habe zunächst keine Chance, winde mich aber dann nach unten heraus. Da ist er vollkommen platt und kommt auf das Thema, daß er wie ein Stier kämpfe und immer mit gesenkten Hörnern und mit voller Kraft nach vorn arbeite, ohne diplomatisch zu sein und ohne sich Alternativen zu überlegen. Als er dann von seiner früheren Ausbildung als Krankenpfleger auf der Intensivstation spricht, wird mir allmählich klar, daß er mir etwas zeigen und schenken will, seine Kompetenz nämlich, damit ich würdigen kann, wie er seine Kraft auch positiv und segensreich anwendet.
Er trägt mich wie einen Kranken durch den Raum, ist voller Stolz und setzt mich auf einer anderen Couch ab. Dann sagt er: »Sie haben ja einen Körper.« Auf einer anderen Ebene, die ebenfalls spürbar ist, hat es etwas mit der Fleischwerdung Gottes zu tun oder mit dem Ringen des Jakob mit dem Engel des Herrn. Seine aktive Muskulatur ist integriert in ein sinnvolles Tun, das seine volle Kraft fordert. Jetzt brauche er sich mit mir gar nicht mehr streiten, ich sei jetzt weniger riesig, aber ihm viel näher.
Dann kommt er auf die Priester zu sprechen, die seine Lehrer gewesen seien, die aber in ihren Gewändern körperlich unerreichbar waren, wie nicht wirklich präsent. Aber er spürte

immer seine Körpersehnsucht und hatte doch sowohl Angst vor der Homosexualität wie das Gefühl, es sei abnorm, diese Männer berühren zu wollen. Also erlebe er die Möglichkeit, mich zu tragen, wie eine Erdung seiner Kraft. Mir gehen aber auch Bilder von der Kreuzabnahme durch den Kopf. Vielleicht betont er auch deshalb so die Wärme und Lebendigkeit meines Körpers, wie im Gedenken an den toten Vater. Beim Wort Pietà kommt er mit Tränen in den Augen noch einmal darauf zu sprechen, wie sehr er sich bei diesen Bildern mit der leidenden Gottesmutter, also der Frau, identifiziert habe, die den toten Christus auf dem Schoß hält. Es scheint ein extrem verdichtetes Bild, bei dem er sich in der Hauptrolle der leidenden und tragenden Frau wiederfindet, die ihren toten Sohn hält. Denn seine Todessehnsucht ist immer da, er hält sich also auch selbst. Er hält aber gleichzeitig seinen eigenen Vater und hofft auf dessen Auferstehung, so daß er als Sohn »auffahren« kann zu ihm in den Himmel.

Dann phantasieren wir noch, was in der Pubertät verantwortliche Aufgaben für ihn hätten sein können. Er sagt mit voller Kraft: Seine Brüder seien zum Leistungstraining gegangen, hätten Wettkampfsport getrieben. Und er sei immer der kleine Doofi gewesen, der froh hätte sein müssen, daß er mitdurfte zum Zuschauen. Und als er dann in die Pubertät kam, sei er schon zu weit in seiner Priesteridentität gewesen und feierte Messen. Da habe er sich auch geschworen, nie eine Frau zu berühren. Und er habe sich auch nicht getraut, Sport zu machen, sondern nur stundenlange einsame Spaziergänge mit unendlichen Tagträumen.

Quellen der Sexualität

Eine Woche, eine Sitzung später

Bernard kommt nach einer Woche Pause zehn Minuten zu spät, weil er bei einem deutschen Kollegen war, der für ihn ein zusätzliches Gutachten schreibt für seinen Arbeitgeber, was trotz mancher Komplikationen Erfolg hat. Denn er muß ja begründen, warum er ins Ausland fährt zur Therapie. Dabei wird ihm immer wieder bang, ob seine fromme Behörde etwas erfahren könne über meine unfrommen Schriften.

Zuerst ist er sehr beschäftigt mit dem Vergleich der Therapeu-

ten. Beim Gutachter, der offensichtlich auch pädagogisch reagiert hat auf seine Alkoholprobleme, seien seine Phantasien wieder geweckt worden, ein Therapeut könnte ihn mit ruhigem Gewissen führen und anleiten, ihm den roten Faden zeigen. Dr. F. habe ihm gesagt, er solle aufhören zu trinken. Das war ein Rat. Er fragt, warum ich das nie mache. Dann sprechen wir über Gehorsam. Ich sage, ich könnte mir vorstellen, daß er sich manchmal auf einer Altersstufe fühle, wo er vom Vater erwarten könne, daß der wisse, wo es langgehe, und ihn führe. Ein Teil von ihm kann akzeptieren, daß ich das nicht tue, aber ein anderer hat eine tiefe Sehnsucht nach einer Autorität, die ihm nicht so viel Freiheit läßt wie ich.
Wir sprechen darüber, was bei ihm los sei, wenn er abends anfange zu trinken. Ein Grund sei die Sehnsucht nach Nähe, und danach die, mit seiner Frau zärtlich sein zu können. Sie will aber immer noch nicht. Dann vermute ich weiter: unerfüllte Größenphantasien. Dazu hat er zunächst kaum Zugang. Das kommt dann erst allmählich. Der dritte Punkt ist, daß er schlicht noch nicht weiß, was er am Abend unternehmen soll.
Dann spricht er von seiner neun Jahre älteren Cousine, die »wie eine zweite Mutter« war. Es entsteht eine Atmosphäre von Flirt, Andeutungen, Geheimnis, Vergessen, Verlegenheit. Er guckt pfiffig, schelmisch, ein bißchen verworfen, und wir ahnen, mit der Cousine war mehr los, als wir bis jetzt wissen. Er verwechselt dauernd ihren Namen und den seiner Frau, und dann spricht er beide wieder als seine Mutter an. Es herrscht ein komplettes Durcheinander. Dann kommen ein paar Erinnerungen: sein Interesse für Unterwäsche und hochhackige Schuhe stamme daher. Es stellt sich heraus, daß die Cousine, wenn sie zu Besuch blieb, was häufig vorkam, im Ehebett bei der Mutter geschlafen hat, wie ein Gatten-Ersatz. Sie durfte sich zwar schminken, spielte aber trotzdem den männlichen Teil.
Ich sage ihm, seine verschmitzten Augen regten bei mir Phantasien an, was er und die Cousine miteinander gemacht hätten. Er glaube, sagt er ganz jesuitisch, meistens habe die Cousine mit ihm wohl »platonisch« Sachen gemacht, die gerade noch nicht Sünde waren, aber ein bißchen zwielichtig, leicht schlüpf-

rig. Er nehme an, daß sie ihn habe ihre Brust berühren oder untersuchen lassen. Denn Brust sei ja für ihn die Quelle des Trostes und der Sinnlichkeit. Er nehme jetzt in der Phantasie die Cousine geteilt wahr: Der obere Teil interessiere ihn gar nicht, und der untere Teil sei wahnsinnig geheimnisvoll. Er zögert: Oft habe er Wäschestücke der Cousine mit ins Bett genommen oder untersucht. Das Verhältnis zur Cousine sei hoch erotisiert gewesen. Ich sage, es sei gewesen, als hätte ihm der Oberkörper zur Verfügung gestanden, den Unterkörper aber hätte sie verborgen. Der galt als großes Geheimnis und war tabu. Ich nähme aber an, daß die Cousine sein Interesse gespürt und einen latenten Exhibitionismus getrieben habe. Das mache seine Frau ja auch: Sie zieht schwarze Reizwäsche an, stellt sich vor ihn hin, macht ihn scharf und sagt dann »nein danke«. Oder er zwinge sie dazu.
Ich sage weiter, nach meinem Gefühl sei die Cousine im Zustand eines Idols verblieben. Er bejaht: Sie sei eine grandiose Figur gewesen, die einzig wirklich weibliche in der Familie. Die Mutter sei in Trauer gewesen, Witwe. Er hat Angst, daß er durch unsere Arbeit das Idol verliert, das ihn gleichzeitig so heimsucht. Es scheint, daß er die Cousine in das Phantasiebild einer erlösenden Fee verwandelt hat, die ihm eines Tages Sexualität und Anerkennung schenkt. Die Fee taucht auf in Gestalt der Patientin, die er manchmal sieht, in Frauen, die er aus der Ferne bewundert, in irrealer Hoffnung auf Abenteuer, die keinen Ort haben, aber doch Suchbewegungen hervorrufen. Sexualität ist Gnade, die auf ihn wartet und für die er sich läutern muß. Aber hinter ihr lauert auch der Teufel, und der Teufel ist zugleich bedrohlich und sympathisch, weil er zu allem verführt, was verboten und lustvoll ist. Gleichzeitig ist das größte Dilemma, in das ihn die Therapie bringt: Auch der Weg zum wahren, lebendigen Selbst scheint durch das Reich des Teufels zu führen.

Vier Tage später 10. 6. 86

Bernard setzt sich vor mir auf den Stuhl, und es fängt wieder dieses schelmische Hin-und-Herblitzen der Augen an. Dann verdunkelt sich sein Gesicht und er sagt, er habe sich zum zweiten Mal zu einem Schreibseminar in meinem Gruppenhaus angemeldet. Aber er habe noch immer niemals eine Nacht woanders geschlafen. Er ist von anderen Seminaren manchmal vier Stunden nachts nach Hause gefahren, quer durch halb Frankreich, weil er die Panik des Alleinseins nicht ausgehalten habe. Diese Panik erfaßt ihn jetzt auch in seinen Phantasien vor dem Seminar.

Die Panik hat, neben der Verschüttung, zwei Inhalte in der Vergangenheit:

1. Wenn er zu spät nach Hause kam, hatte seine Mutter fast regelmäßig eine Herzattacke. Einmal mit etwa acht Jahren habe er die Zeit beim Fußballspielen vergessen und sei eine halbe Stunde zu spät gekommen. Da war die Kinderschar bereits um das Bett der Mutter versammelt und alle dachten, sie stirbt. So tief hatte sie ihren Jüngsten besetzt. Der große Bruder habe ihm dabei mit der Stimme des jüngsten Gerichtes gesagt: »Du bist schuld, wenn sie stirbt.« Das habe ihn wie ein Fluch verfolgt. Seitdem sei er eisern pünktlich, weil er das Gefühl habe, er könne jemanden umbringen durch Wartenlassen. Ich sage ihm, er müsse also nicht nur seine eigene Verlassenheitsangst, sondern auch die der Mutter mit sich herumtragen. Später fällt ihm zu dieser Häufung dessen, was er in sich trägt, auch die Einsamkeit des Vaters im fremden Land und beim Tod fern der Heimat ein.

2. Obwohl er »sechs« Alternativen zur Panik für die Tage weg von zu Hause habe, könne er nicht fahren. Die Alternativen waren: Heimfahren (eineinhalb Stunden), zur Schwester fahren (zwei Stunden), ein Pensionszimmer nehmen etc. Ich mache ein Wortspiel: Es gehe ja auch um »sex« Alternativen. Denn er warte ja brennend darauf, daß einmal etwas klappt. Er lacht. Der erwachsene Teil von ihm sage, die Panik könne er in erwachsener Form dosieren, indem er entweder heimfahre, telefoniere etc. Dann entdeckt er mit meiner Hilfe, daß er die »sex«-Alternativen auch dosieren könne. Er in seinem Alles-oder-Nichts-Prinzip meine, er sei dann endgültig gefordert, wenn eine Frau ihn auch nur anlächle. Er phantasiert darüber, ob ich in der Nähe sei oder nicht, wenn eine Frau ihn »vergewaltige«, wenn er also strammstehen müsse und eine Frau wolle etwas von ihm. Schließlich fängt er an zu verstehen, daß sich eine erotische Begegnung vielleicht gar nicht überfall-

artig vollziehe, sondern daß man wohl erst einmal rede und sich kennenlerne oder tanze oder schmuse oder ruhig zusammenliege.
Er beruhigt sich, sagt aber, er wisse, wie sehr das Thema einen Konflikt oder viele Konflikte enthalte. Er wisse ja auch, ich wolle, daß er dort hingehe. Das stimmt nur sehr bedingt. Ich sage, ich wolle, was ihm guttue, würde aber annehmen, daß er eventuell triumphierend zurückkehren werde, wenn er die Panik einmal aushielte.
Ich sage nach etwa zehn Minuten, er sitze schon so weit entfernt von mir, daß er das, was bei der Trennung für die Reise zum Seminar passiere, gar nicht spüren könne. Ich sähe ihn als Alternative zwischen zwei Säcken auf dem Boden sitzen, ängstlich versunken wie ein kleiner Junge. Das macht er zunächst zögernd, um mein Bild zu erkunden, weil er weiß, er kann meine Bilder zurückweisen, wenn sie für ihn nicht stimmen. Aber dann sagt er, er spüre, daß das genau stimme. Er fühle sich wie früher zu Hause, und auf ihn und seine Gefühle und Wünsche komme es gar nicht an. Er könne überhaupt nichts bewirken, er habe überhaupt auf gar nichts einen Einfluß.
Dann kehrt er zu dem primären Thema zurück: Er fühle sich gegenüber der Panik und gegenüber der sexuellen Verlockung ebenso machtlos. Er könne überhaupt nichts unternehmen, nichts planen. Er könne nichts ändern an der Panik seiner Mutter, außer gehorchen. Er könne nichts machen gegen diese übermäßige Besetzung seiner Person durch sie, er sei wie ein Teil von ihr, das erlaube keine Trennung.
Deshalb schlage ich ihm etwas vor, nach einer Erklärung, die die Erfahrung orten soll: Für alle Kinder sei es ein wichtiger Moment, wenn sie spüren, daß sich die Erwachsenen von ihnen beeinflussen lassen. Ich frage, ob er mich einmal lenken oder kommandieren wolle. Das kann er aber nicht. Er könne mich höchstens nachmachen. Er fühle sich mir gegenüber noch nicht als Zentrum von Initiative. Als ich ihn noch einmal ermuntere, sitzt er tief verknittert zwischen den beiden Säcken und erlebt lähmende Ohnmacht und Einflußlosigkeit. Und so verhalte er sich oft auch seiner Frau gegenüber. Er hatte große Angst, mich zu enttäuschen, weil er meinte, ich wolle

unbedingt, daß er zu dem Seminar gehe, ohne Rücksicht auf seinen Zustand und auf seine Fähigkeiten im Umgang mit der Panik.

Drei Tage später
Sobald er sich erneut für ein Schreibseminar angemeldet hatte, kam die Panik wieder hoch, weil er dort übernachten müßte. Ich hatte im Tenor der letzten Stunde längst erkennen lassen, daß das vernünftige Nein wichtiger sein könne als das ihn überfordernde Ja. Diese Stunde zerfließt er vor Weinen gleich zu Beginn, weil er furchtbare Angst hatte, mich zu verletzen oder zu enttäuschen. Aber er möchte das Seminar absagen. Er habe das Gefühl, die fünf Tage brauche er für sich. Frau und Kinder seien verreist, er habe das Haus zum ersten Mal für sich allein. Er müsse zwei Berichte schreiben für die Anstalt. Im Garten sei viel zu machen. Er habe sich positiv entschieden, zu Hause zu bleiben, für die fünf Tage einen Arbeits- und Erholungsplan gemacht und vertraue auf das Gefühl, er könne ein Stück Leben im Haus strukturieren, ein Zimmer tapezieren und neu einrichten. Das alles kommt noch unter viel Weinen und Angst, er verliere meine Zuneigung und ich könne das Nein nicht aushalten, ohne mich zu rächen durch Rückzug. Dann berichtet er, daß er nie habe Nein sagen dürfen, daß er zu sehr vielen Dingen gezwungen worden sei. Er habe aus Dankbarkeit und aus Angst vor Schlägen oder Liebesverlust immer zuviel mitgemacht.
Als Geschenk und Entschädigung habe er seinen Wochenplan für mich mitgebracht. Ich sage ihm, es sei doch auch ein Geschenk, daß er sein erstes großes Nein in unserer Beziehung riskiere. Das fängt ihn fühlbar auf. Ich sage auch, er könne neben den negativen Gründen für diese existentielle Nein-Entscheidung es in unserer Beziehung als ein Geschenk für mich betrachten, daß er das alles erlebe, durchdenke und neue Lösungen finde. Daraufhin ist er sehr erleichtert.
Er muß zu Beginn eine Viertelstunde um seine Fassung ringen und ist nach der Hälfte der Stunde erschöpft. Er fragt mich aber, ob es *mir* zuviel sei, weil er dachte, ich sei jetzt todunglücklich. Jedenfalls sage ich, wir hätten jetzt noch fünf Minuten, was aber nicht stimmte. Wir hatten noch zwanzig Minu-

ten. Als er merkt, daß ich mich in der Zeit geirrt hatte, muß ich als Möglichkeit einräumen, ich würde es offensichtlich doch als eine »große Ladung« empfinden, was er heute gebracht habe. Er geht dann zum ersten Mal mehr als eine Minute, nämlich sieben, auf eigenen Wunsch früher weg. Er habe das Gefühl, es reiche, und er merke jetzt, daß er wirklich für sich entscheiden dürfe, ohne mich zu verletzen oder gar zu verlieren.

Sein Erlebnis war: Autonomie ist keine Katastrophe. Das hat er dann gleich benutzt, um am Schluß der Stunde noch ein weiteres Stück Selbständigkeit zu riskieren: Beendigung in eigener Regie.

Nach der ersten halben Stunde sagt er noch, er habe die Medikamente abgesetzt, ich glaube Psychopharmaka. Seit zwei Nächten träume er wieder intensiv. Ein Traum war, daß der erotisch gefährliche Pflegesohn Karl in den Sicherheitstrakt seiner Anstalt eingeliefert worden sei zur Begutachtung. Er gelte als sehr gefährlich. Er sagt zuvor noch: Er könne nicht verhindern, daß der Pflegesohn immer hinter ihm her laufe, wenn er spazierengehe. Das muß eine sehr konkrete Phantasie sein. Er sei immer mit ihm beschäftigt. Im Traum habe ihm dessen Einlieferung aber gar nichts ausgemacht. Der habe auch hinter Gittern dort seinen üblichen Charme entfaltet. Er selbst versah mit einer sympathischen Schwester Dienst an seinem Bett. Und Karl habe einfach ins Bett geschissen. Die Schwester und er hätten alles fachmännisch gereinigt. Karl aber habe es genießerisch über sich ergehen lassen. (Der Pflegesohn erscheint hier als bedrohliche und verlockende Verdichtung von vielen Tendenzen in Bernard selbst.)

Er spricht von einer religiösen Bedeutung des Traums, die er aber nicht fassen könne. Mir fällt zunächst auch nichts dazu ein. Ich sage ihm, wenn Karl hinter ihm herlaufe, könne das auch ein Selbstanteil sein, den er nicht gelebt habe und nun an den Pflegesohn abtreten muß: Pubertät, Charme, Mädchen, Unbekümmertheit, Sexualität. Ich hätte aber das Gefühl, wenn er jetzt in der Lage wäre, diesen in ihm wartenden Don-Juan-Teil, aber auch den verwahrlosten Teil in ihm einfach auszuleben, dann könnte er ihn nicht halten und eingrenzen und brauchte noch einen Sicherheitstrakt, eine Art seelischen

Berstschutz. Der Teil des Traumes sage etwas aus über seine erotische Energie. Es leuchtet ihm ein, er betont aber noch einmal, das Ganze sei ein religiöses Problem. Aus religiösen Gründen habe er Karl mit vierzehn Jahren bei sich aufgenommen. Er war ein verwahrloster Jugendlicher, der mehfach mit der Polizei zu tun hatte, mit Alkohol; der Nachts aufgegriffen wurde und der vor allem keine Religion hatte. Bernard hat sich als religiöser Mensch über einen gebeugt, der sein Nächster war, doch im Zustand des Verkommenseins. Er glaubte damals, weil er keine Religion hatte. Er habe ihn deshalb bemitleidet. Und jetzt müsse er erkennen, daß jemand auch ohne Religion gut leben kann und daß die Sicherheit, die ihm die Religion gegeben hatte, sein Berstschutz war, der ihn auch gehindert habe, das überhaupt zu leben, was in ihm steckt. Insofern beneide er Karl jetzt und komme sich im Grunde als der Dumme vor, der mit einer Hilfskonstruktion, die er dem anderen schenken wollte, seinen ganzen Lebensbetrug zugedeckt habe.
Jetzt sei er so weit, daß er Karl, der in seiner Phantasie hinter ihm her läuft, immer näher an sich herankommen lassen könne. Das heißt, sage ich, er fühle sich kurz davor, Teile seines eigenen Selbst wieder in Besitz zu nehmen. Er geht sehr zufrieden weg.

Eine Woche später
Bernard kommt nach den fünf Tagen Alleinsein zu Hause munter und gestärkt herein. Beim Thema Mutter sei etwas noch nicht beendet. Er mache mit seiner Frau ähnliche Dinge wie früher mit der Mutter. Ich schlage ihm vor, jetzt mit der Mutter auf dem leeren Stuhl zu sprechen. Er ist sehr scheu und ängstlich, dreht sich aber zu ihr um. Er berichtet mir noch, daß er, als er Lehrer an einem anderen Ort geworden sei, der Mutter jeden Tag eine Karte geschrieben habe. Sie habe ihm vorgeschrieben, was er zu schreiben habe: »Liebstes Mutterle!«. Wenn eine Karte nicht kam, habe sie angerufen und ihm Schuldgefühle gemacht; sie fühle sich verlassen und möchte sterben. Er habe sie oft besuchen und sie anrufen müssen. Sie habe immer genörgelt und ihm das Verlassenwerden durch den Vater angehängt. (Da die Mutter später wegen psy-

chotischer Episoden auch mehrmals hospitalisiert wurde, kann man annehmen, daß sie damals schon beinahe psychotische Verknüpfungen vorgenommen hat.)
Er geniere sich, mir zu erzählen, daß seine Mutter in den letzten Jahren schizophren gewesen sei. Sie habe immer im Zimmer eine zweite Frau gesehen, habe Gegenstände nach ihr geworfen und sie unflätig beschimpft, sie solle endlich verschwinden. Das habe sie auch vor seinen Kindern gemacht. Manchmal habe sie ihr Gebiß nach der »Hure« geworfen: Das müsse *ihre* ungelebte Sexualität gewesen sein.
Er beginnt dann den Dialog mit ihr mit folgenden Worten: »Ich bin eigentlich nie mehr gern zu dir nach Hause gekommen. Es war schrecklich! Immer warst du vorwurfsvoll! Immer Schuldgefühle! Immer hast du gesagt: ›Vaterle hol mich heim!‹ und ›Ihr verlaßt mich, ihr verratet mich, ich habe mich für euch geopfert!‹« Dann geht er in die Rolle der Mutter. Dabei geniere er sich sehr, weil er zuviel von sich zeigen müsse. Schließlich kann er sie aber doch mit einem gewissen Humor spielen, mit jamervoller Stimme klagen: »Oh, ich möchte mich umbringen. Ich möchte mich vor den Zug werfen, aber ihr würdet mich ja nicht einmal suchen.«
Dann dämmert mir, was er damit meint: Daß er das gleiche jahrelang mit seiner Frau gemacht hat. Das kann er auch so sehen. Er berichtet sarkastisch von einer ganz neuen Idee: Mit seiner Frau zusammen könnte er ein Institut gründen: »Abteilung für Verstrickung und Schuldgefühle-Machen.« Ob es noch Platz im analytischen Institut gebe für eine solche Station?
Er bietet der Mutter ironisch einen Beratungskontrakt an für die Firmengründung. Ich schlage ihm ein Expertengespräch zwischen ihm und der Mutter über den Zweck und die Regeln des Instituts vor. In der Mutterrolle hält er eine pathetische Rede, bei der sie den Kooperationsvertrag formuliert: »1. Wichtig ist das Schuldgefühlemachen. Das ist die stärkste Bindung, die es gibt. Ich sage dir mal, wie das geht: Lügen zählt sowieso nicht. Aber du mußt dich immer als leidend darstellen, gezeichnet von Krankheit, von Herzversagen, vom Tode bedroht. Dann kannst du den Anderen immer an dich binden. Und wenn der selbständig werden will, die Klagen einfach in-

tensivieren! Wenn das nicht hilft, sagen: Ich gehe vor den Zug, oder ich bringe mich um! Immer den Hilflosen spielen! Immer dem anderen das Gefühl geben, er sei etwas schuldig geblieben!«

In seiner eigenen Sohnesrolle antwortet er: »Ich habe schon viel gelernt von dir. Ich habe es seit langem angewendet auf meine Frau. Es hat hervorragend gewirkt. Du bist wirklich eine hervorragende Expertin in der Zerstörung von Lebensfreude.« Plötzlich meint er, er habe Zeit seines Lebens gedacht, er sei ein armes Schwein. Jetzt fühle er es wieder. In seiner Umgebung erbten die Leute Häuser. Und er erbe Scheiße. Ich sage ihm aber, da sei auch ein vergrabener Schatz darin enthalten. Sein Erbe bestehe in sehr viel seelischer Energie, die noch nicht die rechte Form habe. Damit eignet er sich zum ersten Mal probeweise und erleichtert diese psychische Erbschaft an. Bald darauf spricht er von dem Gefühl, Blei im Bauch zu haben. Die Aufgabe sei schwer, aber er wisse, daß sie kostbar sei.

Dann kann er auch neu sehen, warum er Diakon geworden sei. Jetzt könne er mit den Pfunden aus seiner Erbschaft wuchern. Fünf Minuten vor Ende der Stunde steht er auf und sagt, es sei jetzt so viel gewesen, daß er gehen könne, schaut mich aber doch fragend und wie auffordernd an. Das Fehlen des Vaters ist so evident, daß ich noch vorschlage, den idealen Vater zu der Begegnung mit der Mutter dazukommen zu lassen. Er geht selbst in die Vaterrolle und sagt zu der Szene: »Ich bin erschüttert, was ihr in meiner Abwesenheit gemacht habt, daß du (seine Frau) lebensunfähig warst und mich benutzt hast, um deine Todessehnsucht und deine Hilflosigkeit zu rechtfertigen.« In seiner eigenen Rolle formuliert er dann noch, fast abgeklärt erwachsen: »Sie konnte nicht anders.«

Die ausgefallene Pubertät und die Kunst des Flirtens

Eine Woche später, etwa die 75. Stunde

Bernard kommt jetzt für einige Zeit nur noch einmal die Woche, er fühlt sich besser und findet zwei Reisen zuviel. Er wirkt sehr schelmisch und lebendig. Es gehe ihm eigentlich gut. Es habe wieder einige gefährliche Situationen zu Hause gegeben mit Beinahe-Gewalt. Seine Frau habe aber gesagt, sie fühle

sich sehr nahe dran, mit ihm als Mann und Frau eine Beziehung aufzunehmen. Das gibt ihm ein starkes Motiv, sich noch besser im Zaum zu halten.
Beim Thema Gewalt meint er, er glaube, daß er männlich werde. Er spüre es in den Händen und im Blick. Er habe eine Flirtbeziehung zu einer Frau. Er lerne flirten. Seine Hände schaut er an mit einer Mischung aus Stolz, Angst und Ratlosigkeit, wie ein Künstler-Verbrecher, der gestalten, aber eben auch morden kann. Er sagte, es sei irgendwas mit den Händen, was einer Frau nicht guttue. Ich vermute, es hänge möglicherweise mit dem Unterschied von Vater- und Mutterkörper zusammen. Er sagt, ja, er möchte zupacken. Er fängt an zu phantasieren über Männerkörper, Frauenkörper, über meinen Körper. Er wolle seine Kraft prüfen.
Er wirkt sehr scheu, sagt, er spüre auch wieder Angst, wie schon öfter, daß er eine Erektion bekomme, wenn er mich berühre oder wenn er mir zu nahe komme. Ich sage ihm, möglicherweise müsse es so sein, daß ihm in diesem Therapiezimmer einmal einer stehe. Er ist sehr froh, daß mich diese Möglichkeit nicht zu schrecken scheint. Wir setzen uns nebeneinander, um unsere Muskeln zu spüren. Er prüft meinen Bizeps. Ich bewege meinen Arm heftig. Er versucht, mich festzuhalten. Dann versucht er das gleiche mit dem Bein. Damit kann ich ihn herumschütteln. So fühlt er sich wie jemand, der den starken Vater kaum bändigen kann. Am Ende hängt mein Bein über sein Knie und wir reden ein paar Minuten. Er ist sehr erstaunt, daß etwas sich zusammensetzt: Sein überhöhtes Bild von mir und dieser intensive Körperkontakt. Dann fällt ihm ein, daß er nie in seinem Leben gerauft habe. Wir prüfen jetzt seine Arme, und am Schluß setzt er sich zurecht und ich versuche, sein Bein zu halten. Er schüttelt mich sehr heftig. Es macht ihm viel Spaß. Er staunt über seine Kraft. Die Beziehung ist sehr nahe und fühlbar auf mehreren Ebenen: Wie mit vier oder fünf Jahren, und wie mit vierzehn oder fünfzehn.

Rangeln und Raufen wird noch oft eine Rolle spielen, die Suche nach kämpferischer Nähe, Abgrenzung, Kontur, Widerstand. Ich verwende gerne den Ausdruck liebevolle Gewaltsamkeit, *um die Mischung von Nähe und Verschmelzung und Abgren-*

zung und Grenzfindung zu charakterisieren. Gleichzeitig bringt sie ein Kräftemessen, damit auch einen Umgang mit der Angst vor der elterlichen Übermacht. Der gemeinsame Spaß enthält auch die Botschaft der idealen Eltern: Wir haben Freude an deinem Körper, deiner Kraft und Lebendigkeit, fühlen uns beschenkt durch die belebenden, anstrengenden, kämpferischen, zärtlichen Berührungen mit dir.

Eine Woche später
Bernard kommt herein, sein schelmisches Lächeln bleibt auch nach seinem Eintreten erhalten, schließlich lachen wir uns einfach an, noch ohne zu wissen, warum. Er setzt sich so auf den Sessel, daß ich unwillkürlich sage: »Wie der Papst.« Später stellt sich heraus, daß er nur einen Hexenschuß hat. Aber nicht jeder setzt sich mit einem Hexenschuß so, daß einem der Heilige Vater in cathedra einfällt. Er erzählt, daß er im Krankenhaus anfange, mit Krankenschwestern zu flirten, und daß ihm das Spaß mache. Er habe Angst vor meinen Sommerferien, eine Pause, die sich durch seine Urlaubstermine auf sieben Wochen verlängert. Aber er will auch etwas für sich tun. Nach der Hälfte der Stunde muß er aufstehen, weil der Hexenschuß zu wehtat. Ich sage ihm, er könne sich auf den Boden hinlegen, mit den Beinen auf der Couch, wie ich es auch beim Ausruhen tue, wenn mich das gleiche Übel plagt. Das tut er. Es gefällt ihm sehr gut, und er ist erleichtert, daß er in dieser Haltung mit mir sprechen kann. Er ist sehr froh, daß ich ihm wieder aufhelfe am Schluß der Stunde. Er sei ganz zuversichtlich. Aber er schwanke noch, ob er die Ferien durchhalte, weil er mir zeigen will, daß er es kann, und ob er sich darauf zu konzentrieren vermöge, so zu leben, wie er es möchte.
Er meint, er könne in arge Verlegenheit geraten, wenn eine von den angeflirteten Frauen im Krankenhaus auf ihn eingehen und eine intime Situation herstellen würde. Er wisse noch nicht, ob er das wolle. Ich frage nach, ob er eine intime Situation wie eine große Schulaufgabe erlebe. Er gibt zu, das sei einmal so gewesen. Jetzt hoffe er, es doch so zu gestalten, daß es ihm oder beiden Spaß mache, und nicht wegen dem triumphalen Bericht an mich.
Er halte in seiner seelsorgerischen Arbeit mehr Distanz, ver-

suche die Leute nicht mehr zu verändern oder zu bekehren oder auch zu entdogmatisieren, je nachdem. Das ändere sich auch in unserem Verhältnis. »Wir sind mehr jeder für uns. Ich fühle mich nicht mehr so verstrickt.« Es dämmert ihm, daß etwas mehr Distanz und weniger Heilungs- oder Verschmelzungswut ja ganz gut sein kann.

Aktivität und Passivität

Nach acht Wochen Pause

Ich bin in eine neue Praxis gezogen, die im Stil aber der alten gleicht: in einer alten Villa, mit dunkel getäfeltem Treppenhaus und einem Behandlungszimmer, das in den Maßen dem alten gleicht. Es ist auch ähnlich eingerichtet.

Bernard war die letzten drei Wochen meiner Ferien krank, davon einmal so, daß er vor Muskelschmerzen und Kreislaufproblemen nicht aufstehen konnte. Seine Frau habe einmal bei mir angerufen, als ich noch verreist war. Dann habe er es aber nicht noch einmal probiert, weil er mit zusammengebissenen Zähnen habe durchhalten wollen.

Er sagt, er sei erstaunt gewesen, daß er überhaupt keine seelische oder körperliche Reaktion gespürt habe, als er mich wiedersah. Er habe mich wie einen Geist erlebt. Und zum ersten Mal in unserer Beziehung erlebe er eine Abkühlung und ein Nicht-Reagieren auf mich. Als er zur Tür hereinkommt, geben wir uns ein bißchen routinehaft die Hand. Er setzt sich. Den Raum habe er als unverändert erlebt, es sei sogar ein Schock des Immergleichen gewesen. Er sei gekommen mit starken Hoffnungen, daß mit oder in dem neuen Raum irgend etwas Neues passiere. Diese Hoffnung sei fast magisch gewesen. Jetzt sei das meiste unverändert, meint er traurig.

Er wirkt sehr verhalten, ja passiv. In der ersten halben Stunde arbeite ich sehr viel, um ihn wiederzufinden. Er sagt aber, er sei blockiert. Er könne nicht einmal sehen, was ich ihm vorschlage. Gegen Ende der Stunde erst stellt sich deutlich heraus, wo die Blockierung lag.

Ich bitte ihn, noch einmal an die Tür zu gehen wie beim Hereinkommen und Begrüßen, um zu sehen, ob er den Schock noch einmal spüren könne und ob er Möglichkeiten sehe, anders damit umzugehen. Das gelingt in zwei Anläufen nicht.

Wir richten die Aufmerksamkeit auf die Lähmung, die so stark ist und für ihn von mir auszugehen scheint, daß ich vorschlage, fünf Minuten hinauszugehen, damit er sich sammeln könne. Er kann nicht fassen, daß ich das seinetwegen tun will; er sagt zweifelnd, das würde ich ja bloß machen, weil ich mit den Malern, die noch im Wartezimmer beschäftigt sind, etwas zu besprechen hätte. Es wird ein Grundmißtrauen spürbar, daß ich ihn anlüge. Als ich zurückkomme, steht er verloren mitten im Raum. Etwas Aktives, was er oder wir tun könnten, sei ihm nicht eingefallen. Er habe nur viele Phantasien gehabt, zögere aber noch, sie zu äußern.
Als ich anspreche, die Lähmung könne vielleicht daher kommen, daß er seine Wut über die lange Pause nicht ausgedrückt habe, sagt er, ja, er habe tatsächlich die Phantasie gehabt, mich bei der Begrüßung kräftig durchzuschütteln. Das probieren wir ganz zum Schluß der Stunde: Er schüttelt mich und faucht mich an, und es kommt schließlich etwas ganz Warmes und Nahes in unsere Beziehung. Wir können uns wieder in die Augen gucken. Erst danach habe ich das Gefühl, daß er ein präsentes, mir zugewandtes Gesicht hat.
Er spürt, daß ich sehr aktiv war und ihn suchte, und meint: »Das macht zweierlei mit mir. Ich sehe, Sie sind engagiert. Sie suchen mich. Sie vermitteln mir den Eindruck, daß Sie optimistisch sind in bezug auf den Teil meiner Veränderungserwartung, den Sie betonen. Anderseits fühlte ich mich durch Ihre Aktivität gelähmt, und ich spürte noch stärker meine Gefühle der Ratlosigkeit und Hemmung. Sie sind aktiv. Ich stehe mit offenen Augen da und mir fällt nichts ein. Aber dann haben Sie mich doch erreicht mit dem Schütteln. Ich habe Sie wiedergefunden. Wieso geht mein Zorn weg, wenn ich Sie schüttle? Ein Zorn, der mir sogar eingab, die Therapie abzubrechen und Sie zu verklagen wegen Gesundheitsschädigung?«

In dieser Blockierung fließen sicher mehrere Strömungen zusammen: Bernard erzählt mir später, er habe immer das Gefühl gehabt, daß sein ältester Bruder es sadistisch auf die Einschränkung, ja Bekämpfung seiner Lebendigkeit abgesehen hatte. »Im Viertelstundentakt konnte ich davon ausgehen, daß er mich demütigte, sobald ich Initiative zeigte.« Unsere Neuinszenierung dreht die Fronten, stellt sie aber auch neu dar: er erlebt die Blokkierung, ich erhöhe meine Aktivität, um mein Selbst wieder zu finden, er erlebt es als Überflutung, blockt von neuem, spürt aber meine Suche nach ihm. Einige Male verfangen wir uns in einem Teufelskreis, einer Art erstarrtem Ballett, bis wir Zeichen vereinbaren können, die uns auch averbal Orientierung geben.

Nach elf Tagen, zwei Sitzungen später.
Bernard hat, seit ich in der neuen Praxis bin, beim Hereinkommen das Gefühl, es überwältige ihn alles. Es wirkt wie ein starres Ritual, als er mir die Hand gibt, sich hinsetzt. Ich fühle mich selbst in ein lähmendes Milieu versetzt, dessen Gewalt schwer aufzusprengen ist. Die Lähmung ist so stark, daß ich mit Aktionismus reagiere. Er fühle sich hilflos. Ich benütze diesmal eine leichte Wut, um zu sagen, er möge aus der Lähmung selbst herausfinden, und ich könne sein Gerede nicht mehr ertragen, weil er gleichzeitig so intensiv auf der Körperebene mit mir kommuniziere. Ob er nicht selbst mit seinen Impulsen etwas gestalten wolle. Aber er meint, betroffen, gleichzeitig bockig und wie ein Versager, er wisse nicht, was mit ihm los sei und was er mit mir anfangen solle. Dabei streckt er aber ein Bein in meine Richtung aus. Ich strecke meines dagegen, so daß beide Beine nur noch eine Handbreit voneinander entfernt sind. Nach zwei Minuten war sein Bein, das sich vorher kalt angefühlt habe, von oben bis unten warm. Ich erlebe das gleiche: wie wenn es elektrisch aufgeladen würde.
Er hat mich aber körperlich noch nicht wieder gefunden. Ich sage ihm, er spüre wahrscheinlich auch, daß es um eine körpernahe Begegnung gehe. Er sträubt sich sehr, fängt zwischendurch an zu weinen, weil er sich in einem Gefängnis fühle, auch weil er Angst habe, zurückgewiesen zu werden. Er spüre aber nicht die Sehnsucht, die das ausgestreckte Bein ja anzeige.
Ich schlage ihm vor, mir die Arme entgegenzustrecken. Das tut er. Aber die Hände verwelken und hängen traurig herunter. Dann kommt etwas Neues in die Hände. Er macht mit der ganzen Hand und den Fingern Gesten der Forschung. Danach sieht es aus, als wollten die Hände intensiv an oder in

etwas kneten. Es leuchtet ihm ein, als ich es ihm zeige. Noch immer ist eine Hemmung zu spüren, in eine Szene einzusteigen. Dann sagt er plötzlich ernst und schalkhaft gleichzeitig: »Ich möchte Sie treffen können.« Ich muß lachen und sage, ihm seien sicher wieder freche Bemerkungen eingefallen. Ich würde wetten, daß er im Frechsein sicher genauso erfinderisch sei wie ich. Er bejaht: auf Spaziergängen fielen ihm schon allerhand Schimpfworte für mich ein. Er phantasiere dann auch, mich zu ohrfeigen. Er fürchte heute, wenn er sich mir nähere, daß er seinen Drang, mich zu ohrfeigen, nicht mehr kontrollieren könne. Dann guckt er sich um und sagt: »Ich überlege, wo in diesem Zimmer ich gerne hinpinkeln würde.« Die Stimmung wird deutlich besser, weil die Aggression unerwartet deutlich herausbrach.

Dann strömen die Erinnerungen. Er habe früher oft in Beichtstühle gepinkelt, ist auch gelegentlich erwischt worden und wurde maßlos vertrimmt. Er galt dann als perverses, völlig verdorbenes Kind. Deshalb fürchte er, daß, wenn diese Art von Frechheit hochkomme, unsere Beziehung zerbreche.

Als er aber immer noch keine Bilder findet, wie er sich mir wieder nähern könnte nach den Schlage- und Pinkelphantasien, frage ich ihn, da er jetzt sehr regrediert wirkt, ob er sich vorstellen könne, sich meinem Knie anzunähern. Er sitzt inzwischen auf dem Boden. Da erinnert er sich an das Krabbeln der Patientin in einer Szene im »Ersten Jahr« und sagt, das sei doch alles schon vorformuliert. Er könne nur etwas versuchen, was ich mit anderen nicht schon gemacht hätte. Er will so ein toller Patient sein, daß alles absolut neu sei, was wir an Szenen herausfinden.

Er setzt sich näher zu mir auf den Boden, sieht scheu-zutraulich auf, wie fünf- oder sechsjährig. Plötzlich wirft er sich vor mir auf den Rücken, guckt hoch. Dabei sieht er wie dreijährig aus, schlägt rasch die Hände vors Gesicht. Er führt freche Reden, häuft Schimpfworte aufeinander, unanständige Ausdrücke, wie frisch aus dem Kindergarten mitgebracht und noch nicht einmal ganz verstanden in ihrer Bedeutung, wobei er mich durch einen Fingerspalt sehen kann. Er ist jetzt viel mutiger, kriegt ein volles Kindergesicht, »aber denken Sie nur nicht, ich fasse Sie schon an. Sie wollen ja bloß, daß ich es

probiere!« Er will keine vorgezeichnete Aufgabe machen. Es fühlt sich an wie kräftiger Trotz, auch wie eine lebenswichtige Auflehnung, um nicht das Gesicht zu verlieren, zu unterliegen, einfach nur zu gehorchen, sein Selbst zu verlieren. Einige Zeit später wird uns bewußt, daß vermutlich auch eine Phase des Trotzes für ihn in der Kindheit ausgefallen ist.
Ein Ärgernis, das ihn immer wieder heimsuche, sei, daß Gott eine so tiefe Wirkung auf ihn habe, umgekehrt er gar keine auf ihn. Damals kannte ich C. G. Jungs Hiobsbuch noch nicht, sonst hätte ich es ihm empfohlen. Er ist also nach der langen Pause in eine partielle Gottesübertragung geraten, die ihm unheimlich ist, trotz der parallel dazu verlaufenden menschlich-väterlichen und brüderlichen Beziehung. Er fürchte auch, daß, wenn er sich mir körperlich annähere, der Gottescharakter verschwinde. Dann merke er, daß ich nur ein Mensch bin. Danach sehnt er sich zwar, aber dann geht das Wunderbare verloren, die Möglichkeit der Erlösung und Erwählung. Das erklärt auch, warum er seine Frechheiten, die Schlagephantasien, die Schimpfwörter auf den Spaziergängen, als Gotteslästerung erlebt, was ihn in tiefste Verworfenheit und Angst führt.

Der unterdrückte Stolz

Eine Woche später, etwa die 80. Stunde
Bernard setzt sich nicht hin, sondern bleibt schelmisch-herausfordernd an der Tür stehen, wirkt aber auch verschämt, weil er so etwas riskiert. Ich stelle mich nach einer Weile, ihn spiegelnd, auch hin und warte. Er möchte an der Tür stehen bleiben. Er steht seitlich abgewandt wie ein Ertappter, aber auch mit geheimem Stolz. Dann sackt er wieder zusammen, ein bißchen demütig, wie ein armer Sünder. Ich frage, was mit ihm passiere. Er komme sich vor, als ob er sich mir ganz neu anbiete als Patient. Ob ich wohl akzeptiere, was er an Störungen in sich trage? Ich folge einer Intuition, die sich als wichtig erweist: Mein Gefühl sei ganz anders gewesen. Er sei hereingekommen nicht wie jemand, der eine Störung anzubieten habe, sondern ich hätte die Phantasie gehabt, ich sei der Boß und es käme ein Arbeitsuchender, der etwas sehr Interessantes anzubieten hätte. Und es komme darauf an, ob ich erkennen

würde, wofür ich ihn brauchen könne. Er komme mir vor wie jemand, der eine gewisse Pionierleistung erbringe, der Überblick habe, Kraft, Wildheit und die Fähigkeit, Menschen zu führen und zu bändigen. Darauf lächelt er und sagt, genauso habe er sich gefühlt, als er als stellvertretender Leiter eines verlotterten Internates dieses wieder auf Vordermann gebracht habe. Er ist dann aber vom Nachfolger des Chefs geschaßt worden. Beim Boß käme es ja darauf an, ob der seine Fähigkeiten erkenne und achte. Ich kann ihm zeigen, daß er Mühe hatte, mir mit Stolz zu sagen, was er alles könne; daß er herausragende Fähigkeiten anbiete als Störung. Sein Arbeitgeber habe nicht erkannt, wie loyal, potent, umsichtig, organisationsbegabt er sei, obwohl er auch einiges anstellte, was pädagogisch nicht ganz akzeptabel war. Das hing, wie er früher berichtete, auch mit Ausbrüchen von Jähzorn zusammen und mit einer gewissen Anmaßung, die er zeige, wenn er sich Autoritäten überlegen fühle.
Dann kann er berichten, wie er immer mehr positives Echo erhalte in der Anstalt, wo er arbeite; wie beliebt er sei und wieviel man ihm zutraue. Auf einer chaotischen Station komme schon einmal die ganze Belegschaft zu ihm, um zu fragen, ob er vermitteln und beraten könne.
Seine Schüler in der Pflegeschule haben ihn gefragt, ob er mit ihnen mal ein Wochenende planen könne, um Gruppenkonflikte zu bearbeiten. Er rückt damit in die Nähe von mir mit meinen Wochenendseminaren und weiß nicht, ob er sich freuen und es sich zutrauen darf. Er brauche Ermutigung von mir, sagt er ganz offen.
Inzwischen sitzt er auf einem Sack an der Tür und schwankt wieder zwischen potenter Gelassenheit und Scham und Scheu. Er sitzt aber so da, daß ich phantasiere, er habe eine riesige Erektion. Er lacht verschämt, als ich ihm einen Encounter-Schläger aus rot eingehülltem Schaumstoff als Penis gebe, nimmt ihn aber und pflanzt ihn sich zwischen die Beine. Er sieht ganz stolz aus, zeigt eine Mischung aus Scheu und Andacht vor dem riesigen Ding. Wir sind beide beeindruckt von dieser Konkretisierung einer unbewußten Körperphantasie. Ich mache ein Schnellphoto davon, gebe es ihm. Da ist ihm der Riesenpenis gar nicht mehr peinlich. Er stehe aber zwischen

ihm und mir. Aber so sei es, die Größe sei richtig. Jetzt könne er das Foto gegen den Diakonsausweis tauschen, den er vor ein paar Tagen aus seinem Portemonnaie herausgelegt habe. Dann geht er stolz, aber mit zusammengeklemmten Beinen, um das »Implantat« zu halten, im Zimmer umher, setzt sich dann auf die Couch, um auszuruhen.
Sein Pflegesohn ist neuerdings in der Klasse bei ihm in der Krankenpflegeschule. Das sei das richtige Verhältnis, er sei wieder eindeutig Vater und Lehrer, nach dem Haß, der Verunsicherung und der Übertragungskonfusion wegen der Eifersucht. Von ihm und den anderen Schülern bekomme er viel Anerkennung. Der Rahmen sei wieder richtig. Bei der Betrachtung des Fotos ist er auch sehr froh, daß es einen Rahmen hat. Wir haben alle die starken und komplizierten Gefühle, die durch die langen Ferien hochkamen, in einen analytischen Rahmen eingebunden: Seine Scham, die Wut, die Größenphantasien, seinen Versuch, sich mit Eigenschaften als noch kränker darzustellen, auf die er eigentlich stolz sein kann. Es war rührend zu sehen, was sich da alles verändert hat.
Ich spreche noch meine Phantasie darüber aus, daß er das Fortbildungswochenende für seine jungen französischen Krankenpfleger in meinem Haus im Münstertal machen wolle, obwohl die Antstalt selbst ein sehr schönes Haus in den Vogesen habe für solche Zwecke. Wie ertappt sagt er, daran habe er seit Tagen gedacht, sich aber auch gesagt, so unverschämt sei er nun doch nicht. Es war schon früher klar, daß er mit seinen kleineren Pflegekindern bei einem Ausflug das Haus aus der Ferne besichtigt hat. Ich sage ihm, ich könne seine »Frechheit« aushalten. Ich würde sie auch nicht als solche werten, sondern als eine Phantasie von Nähe und Identifikation. Ich sei aber davon überzeugt, daß es nicht gut wäre, wenn wir Geschäftspartner würden und wenn er seine Arbeit in meinem Haus machte. Er sagt, das ginge auch nicht, denn dann wäre ich überall präsent. Es kommt auch noch heraus, daß er sich nicht getraut hatte, mich zu fragen, ob ich ihm mit Supervision zur Seite stehen würde, wenn er seine erste Gruppe mache. Es pendelt sich atmosphärisch ein Verhältnis von Lehrer zum Schüler-Lehrlings-Sohn ein, der bewundernd lernen will, aber auch insgeheim zu rivalisieren beginnt.

Identifizierung und geheimnisvolle Rivalität

Eine Woche später

Bernard ist sehr verzweifelt darüber, daß ihn das Zimmer und der bereitstehende Stuhl in den Sog eines alten Rituals ziehe, wo er das Neue, seine Stärke und Autonomie, die wir erarbeitet hätten, nicht mehr spüre. Also bleibt er stehen und tänzelt herum. Ich bleibe auch stehen. Schließlich setzt er sich hin, ist resigniert und sagt, er finde den Durchbruch nicht. Schon im Auto habe er gewußt, daß er etwas verändern wolle, nicht im Mobiliar, sondern in der Beziehung zu mir. Er finde aber den Zugang nicht. Er rutscht und druckst herum, erzählt einen Traum von seinem Mentor in der Diakonszeit: Den bewundere er, fahre mit ihm gemeinsam Auto. Das Auto habe nur *einen* Sicherheitsgurt. Es komme darauf an, wer den hat. Er sage im Fahren immer: »Halt, das ist der falsche Weg!«, weil der Mentor immer die falsche Straße lang fahre. Bernard korrigiert ihn im Traum. Also vermute ich, er will auch mir etwas Wichtiges, Korrigierendes sagen. Wir sind aber zunächst beide ratlos.

Nach zehn Minuten ist die Situation etwas aufgelockert, aber es gelingt nicht, eine klare Linie zu finden. Schließlich sage ich, ich möchte als Deutung einen ›Schuß in den Nebel‹ wagen. Meine Phantasie sei, daß er mich gern umarmt hätte, weil er sich so freute zu kommen. Er geht noch einmal zur Tür, um zu spüren, wie er die Situation empfindet und was er verändern möchte. Ich gehe auf ihn zu und wiederhole meine Vermutung, er habe mich umarmen wollen. Als ich bis auf eineinhalb Meter auf ihn zugegangen bin, macht er ein Stoppzeichen und sagt, jetzt kriege er Angst, ich könnte es wirklich tun, obwohl er zugeben müsse, daß es stimme. Er fühlt sich erleichtert über die Klärung, sagt aber, er möchte darüber sprechen, er möchte es nicht gleich tun. Etwas gewunden meint er, er habe deshalb den Wunsch nicht zulassen können, weil er fürchte, daß er ganz plötzlich eine Riesenerektion kriege, wenn wir uns umarmen; daß ich vielleicht seinen Wunsch zurückgewiesen hätte; und das erst recht, wenn ich seine Erektion bemerkte, weil ich dann das ganze als unzüchtigen Annäherungsversuch verstehen würde. Nachdem das heraus ist, entkrampft sich die Situation.

Die Szene verdichtet sich aber noch einmal, als er merkt, er

habe noch mehr verändern wollen. Ich sage ihm, daß ich mir denken könne, daß er auf meinem Stuhl sitzen möchte, um zu gucken, wie die Welt von da aus aussieht. Das knüpft an Themen von vor mehreren Stunden an, in denen es um Identifikation, Lehrling, großen Penis, Anstreben des gleichen Berufes usw. ging. Er ist ein bißchen verschämt. Ich gehe auf die Doppelcouch. Er umkreist meinen Sessel lange, steht andächtig und fasziniert davor. Dann setzt er sich umständlich hin und macht plötzlich pastorale Gesten, als spende er für die Gemeinde den Segen. Als ich ihn darauf aufmerksam mache, spürt er, wie stark diese Gesten immer noch vorhanden sind, quasi auf Abruf, automatisiert, von scheinbarer Spontaneität und doch einstudiert, im Augenblick ganz mit meinem »priesterlichen« oder auch bischöflichen Sessel verknüpft.
Zunächst kommt er nicht weiter. Dann sieht er aus meinem Sessel und in meiner Rolle den Bernard auf dem Stuhl vor sich. Da wird er sehr kreativ und spricht sich humorvoll an: »Ich sehe, du bist sehr scheu. Ah, du hast einen Sicherheitsgurt an. Du weißt auch, wo er zu lockern ist, aber du kannst es nicht. Aber ich mache dir keine Vorwürfe. Ich weiß, ich muß dir ein bißchen helfen.« Er erkundet, kommentiert und karikiert meine Haltung als Therapeut zu ihm. Er kommt ihrer Realität aber sehr nahe: Daß ich sehr wohlwollend bin, ihn aber nicht mehr aktiv vorschicken will, sondern warten kann, bis er sich aus eigener Kraft lockert. Fast bis zum Ende der Stunde exploriert er meine Haltung zu ihm. Er ergänzt sie mit dem Wunsch: Ich soll sehen, daß er sehr bemüht ist; daß er Fortschritte macht; daß ich ihm trauen kann; und daß in ihm nichts Verworfenes ist.
Da ich ihm am Anfang der Stunde gesagt hatte, daß ich sehr müde sei heute, ergreift nun er die Initiative und meint, ich könne mich ruhig hinlegen. Ich müsse auch nicht immer Spitze sein. Es klingt sehr versöhnlich, aber auch erleichtert. Er gewährt mir etwas, das er sich selbst noch nicht zubilligt: Nicht immer Spitze zu sein. Am Schluß ist das gemeinsame Gefühl dies: Er hat sich eine neue Raumperspektive, ein neues Identitätsfragment angeeignet. Und er hat mir vorgeführt, was er von mir braucht, und was er mir zubilligt an *Menschlichkeit mit kleinen Mängeln.*

Macht hoch die Tür, die Tore weit

Eine Woche später

Bernard ist schon vor der Eingangstür stehen geblieben. Ich komme aus dem Pausenzimmer und schiebe ihn etwas burschikos ins Zimmer. Er bleibt an der Tür stehen und redet davon, daß er ein Wochenende ohne seine Frau verbracht habe. Sein Zögern habe etwas mit mir zu tun. Er wirkt verdruckst, verquält. Dann sagt er, er habe immer den Wunsch, mich bei der Begrüßung zu umarmen, aber er fürchte, ich würde ihn zurückstoßen oder sagen, daß es »zu tief« gehe. Ich fühle mich ein bißchen genervt wie bei einem Kind, das immerzu auf einem Thema besteht. Ich hole Luft und sage ihm, ich sei mit guten Gefühlen bereit, mich umarmen zu lassen oder ihn zu umarmen. Er darauf: Das sei wie wenn die Welt auseinanderbreche. Er habe ganz intensive Phantasien gehabt, daß ich ihn am Wochenende besuche.

Er sagt dies mit vollkommenem Ernst, so, als sei er verwundert und tief enttäuscht, daß es nicht wirklich geschehen sei. Er scheint die Zeit durchlebt zu haben, wo er als kleiner Junge täglich hoffte, eines Tages stehe der Vater in der Tür, um ihn aus seiner Einsamkeit und der Verstrickung mit der Mutter zu erlösen. Diese Wartezeit umfaßt die vier Jahre, als der Vater als vermißt oder verschollen galt und in der die seelischen Prozesse keine Form finden konnten: Weder war Trauer möglich, noch gab es die Gewißheit der Wiederkehr. In seinem Fall kam die Gewißheit des Todes durch den Besuch eines Kameraden, der der Mutter endlich die Umstände des Todes berichtete. An Bernards Schicksal läßt sich auch ermessen, was das »vermißt« oder »verschollen« über lange Jahre für viele Familien bedeutete: die Wege zum Bahnhof, die Suche auf den Schautafeln, das Befragen Heimgekehrter, das Lauschen am Rundfunk, usw. Dann die schwere Entscheidung der Witwen, die verschollenen Männer für tot erklären zu lassen. Viele Kinder, vor allem Mädchen, die auf magische Weise an der Hoffnung auf die Heimkehr des Vaters festhielten, gerieten mit ihren Müttern in einen tiefen, meist nie wirklich auszutragenden Konflikt über diese »Aufgabe« des Vaters. Dies wird mir aber erst nachträglich deutlich.

Ich sage ihm, es gehe vielleicht auch um das Bild einer idealen Väterlichkeit oder väterlichen Freundschaft, bei der ich ahne, wie sehr er meinen Besuch ersehnt. Er spricht traurig darüber, daß er seit längerer Zeit keine Freunde mehr habe, die er als gleichwertig erlebt. Zwei stünden inzwischen über ihm, weil sie Analytiker geworden seien, das schaffe Distanz, er wisse aber nicht, von wem sie ausgehe. Seine Projektionen und die Ungewißheit, was Realität und was Phantasie sei, verunsicherten ihn sehr. Es wird klar, daß es auf der Ebene »seelischer Freundschaft« außer mir im Augenblick niemanden mehr und noch niemand wieder gibt, und ich bin doch der Therapeut. Er fühlt sich in einer Sackgasse.
Ich sage ihm, ich spürte seine Sehnsucht, mich auf der Erwachsenenebene als Freund zu umarmen, aber auch seine Sehnsucht nach dem Vater, der am Kinderbett gefehlt habe. Daraufhin überkommt ihn ein starkes körperliches Schrumpfgefühl. Er werde kleiner. Er legt sich auf die Couch ins Kinderbett, ängstlich guckend, aufgeregt. Und ich komme als idealer Vater vorbei. Da nicht mehr viel Zeit ist, beuge ich mich, nach Rückfrage, über ihn und lege meine Brust über seine. Er umarmt oder besser umklammert mich, der Druck schwankt zwischen zärtlich und gewalttätig; er untersucht meine Schultern tastend, mein Haar. Als ich ihm sage, wie sehr ich sein Zögern spüre, drückt er mich sehr kräftig, wobei ich akkomodiere: Ich gebe die Stärke seines Drucks durch Laute wieder. Er meint, jetzt könnte er eigentlich einschlafen. Er werde mich ins Wochenende mitnehmen. Jetzt sei ich bei ihm, auch wenn wir getrennt seien.

Totsein und Todessehnsucht

Eine Woche später

Bernard erscheint mit blassem Gesicht und schaut sehr verstört drein. Er setzt sich nicht hin, sondern geht suchend im Zimmer umher, läßt sich dann etwa im Abstand von drei Metern auf den Boden am Fußende der Couch nieder. Er sagt, er habe wieder Selbstmordideen. Er sei völlig leer. Vor ihm sei es wie ein schwarzes Loch. Das Leben lohne eigentlich nicht. Er habe sich bisher nur nie getraut, mir von diesem Ausmaß an Resignation zu berichten (was nicht stimmt). Diese Grund-

stimmung gehe eigentlich nie weg (was auch nicht stimmt, denn er hat ja Phasen, wo er sich sehr optimistisch fühlt). Er habe keine Quelle der Lebendigkeit in sich. Er sitze stundenlang herum, trinke; und nur die Onanie biete noch einen letzten Rest von Lebendigkeit, aber das müsse er immer hinterher mit Katzenjammer büßen. Er sei jetzt fast sicher, daß die Mutter ihn ab und zu sexuell stimuliert und dann gedemütigt habe. Sie habe ja auch später noch mit ihm erotische Spiele gemacht bis an die Grenze, wo es hätte gebeichtet werden müssen.
Er sitzt da und sieht aus wie ein todtrauriges Kleinkind. Ich ziehe meinen Stuhl neben ihn, so daß mein Knie seine Schulter berührt. Er ist überrascht, erstaunt, skeptisch, kneift die Augen zusammen, sagt: »Ja, ja, jetzt soll ich wahrscheinlich wieder etwas tun!« und drückt damit aus, er würde es mir zuliebe tun, aber es hätte ja doch keinen Zweck. Ich schüttle den Kopf und halte dagegen, darauf komme es mir nicht an, sondern darauf, daß diese Traurigkeit einmal da sein dürfe, in meiner Nähe. Wenn er etwas tun wolle, so sei meine Intuition eher die, daß er mich wegschieben möchte und unwillig sei, daß ich erst jetzt zu ihm komme, obwohl ich doch seine Not schon früher in der Stunde sah.
Er nickt, kann aber nicht schieben, weil ihm das zu viel Aktivität wäre. Er kann nur Sätze in sich nachhallen lassen wie: »Du kommst zu spät« oder »Du hättest früher kommen müssen« oder »Jetzt siehst du nur noch meinen Zerfall«. Es wird auf erschütternde Weise deutlich, daß das Warten auf den Vater ihn erschöpft, überfordert hat. Er muß gespürt haben, daß sein Aufwachsen in seiner Anwesenheit anders verlaufen wäre, ja, fühlt wohl, wie seine seelische Struktur zerbrach.
Ganz allmählich gelingt es ihm, physischen Unmut auszudrükken. Und als ich in der Rolle des idealen Vaters als Zeuge sage: »Ich komme und sehe, in welchem Ausmaß du traurig bist«, fließen ihm die Tränen. Er sagt, das habe nie jemand gesehen, seine abgrundtiefe Traurigkeit. Ich darauf, nach längerer Schweigepause: Die Mutter habe das Monopol gehabt, traurig oder gar depressiv zu sein. Er habe sie aufheitern und seine Inszenierungen machen müssen, damit sie überhaupt am Leben und auf der Erde blieb. Er weint noch stärker.

Wir kommen dann noch einmal auf seine Todessehnsucht zu sprechen. Ich sage ihm, wenn ich mir vorstellte, daß die Mutter immer gebetet hätte: »Vaterle, hol mich heim«, dann würde in mir das Gefühl entstehen: Wieso soll der Vater nur die Mutter heimholen. Er ist doch auch mein Vater! Die Todessehnsucht sei eine Antwort darauf, daß auch er heimgeholt werden wollte. Darauf weint er wieder still für sich.
Dann berührt es ihn sehr, als ich sage: Wenn er jetzt in ein solches Loch falle, sei es ja die Reaktion darauf, daß er in der vorigen Stunde in tiefster Kindererschöpfung eine Vaterbegegnung am Kinderbett erlebt habe, durch die aber auch die Schleusen der Trauer und der Unwirklichkeit des Wartens geöffnet worden seien. Aber ich würde ihn sehen. Ich sei nicht verzweifelt, sondern ich sähe es als Ausdruck und Folge seines vertieften Einstiegs in die Vaterbeziehung, daß sich diese Schleusen der Verzweiflung geöffnet hätten.
Daraufhin fängt er in rasch veränderter Stimmung an, mich spielerisch zu boxen. Er legt sich auf den Boden, und ich sehe sein Bein zucken. Er sagt, mit dem Fuß könne er das am besten ausdrücken. Er zieht die Schuhe aus. Es kommen Sätze, zu mir gesprochen, wie: »Du kannst abzischen«, »Bleib, wo der Pfeffer wächst und wühl nicht alles auf«. Weil das auch auf konkrete Interaktion drängt, lasse ich ihn die Beine anziehen und mich mit dem Fuß wegschieben. Zuerst drückt er matt, dann kommt allmählich Kraft in die Füße. Ich setze mich dagegen. Er drückt mit voller Wucht, so daß er mich auf dem Teppich verschiebt, er macht das etwa fünfmal, fängt dann an zu lachen und sagt: »Ich könnte Sie auf den Mond schießen!« Plötzlich schlägt die Stimmung um in ausgelassene Fröhlichkeit, weil ich sage, daß ich lieber dabliebe, auch wenn ich wisse, daß er einen enormen Zorn auf mich hätte. Auf dem Mond könnte ich ihm nicht so gut weiterhelfen. Ich sage ihm, auch auf den idealen Vater habe man ab und zu so eine Wut, daß man ihn beseitigen möchte. Aber er würde dableiben. Ich könne als idealer Vater seine Kraft und seine Wut annehmen, sogar genießen.
Er ruht ein bißchen aus und erzählt dann einen Traum, der damit zusammenhängt, daß er den abwesenden Vater durch Größenphantasien über sich selbst ersetzt hat. Am Schluß hat

er ein ganz volles Gesicht, kann sich aber noch nicht selber wohlwollend im Spiegel ansehen, wozu ich ihn, verblüfft und erfreut über die Veränderung, ermutigen wollte.

Wogende Übertragungen

Vier Wochen später. Sitzung zu viert

Seit mindestens vier Monaten hat keine gemeinsame Sitzung zusammen mit seiner Frau und ihrer Therapeutin mehr stattgefunden. Die beiden Partner quälen sich immer noch miteinander, haben aber gelegentlich ruhigere Phasen, wo sie eher geschwisterlich-freundschaftlich miteinander umgehen. Er ist immer wieder verzweifelt, weil es noch keine sexuelle Beziehung gibt. Sie sagt aber, sie könne es noch nicht. Er hat in seiner Anstalt einige Flirtbeziehungen, von denen sich eine jetzt vertieft.

Vor vier Wochen drängte ich schließlich regelrecht darauf, daß wir uns wieder gemeinsam treffen, weil ich nicht mehr erkennen konnte aus seinen Schilderungen und Klagen, wie die beiden miteinander stehen und welches die brisanten, aber auch stillgelegten Probleme in der Beziehung sind. Ich war desorientiert. Seine Frau schob die lange Pause mir zu und fragte ab und zu durch ihn, *warum ich nicht mehr drängen würde.* Es gab Terminprobleme, doch es schien sich auch ein schwer zu benennender Widerstand auszuwirken. Die Therapeutin zeigte sich erstaunt über mein Drängen. Sehr diffus hatte ich das Gefühl einer latenten Katastrophe oder eines schwer faßlichen Auseinanderdriftens.

Als wir dann zusammensitzen, wird es ziemlich dramatisch. Alle Beteiligten sind am Ende der Stunde einverstanden, daß wir uns noch einmal sehen vor Weihnachten. Bernards Frau hatte spontan die Sitzordnung verändert. Früher saßen wir als Therapeutenpaar zusammen und den beiden gegenüber. Jetzt setzt sie sich auf die Frauenseite, und Bernard und ich bilden die Männerseite. Er sagt spontan am Anfang zu mir, da ich nahe bei einem Bücherregal sitze – im Ton sowohl ängstlich wie ironisch – vielleicht würde ich jetzt gleich im Regal an der Wand verschwinden. Mich wundert das, weil ich mich ganz normal fühle. Aber Bernard hat Befürchtungen, die beiden Frauen könnten so stark sein, daß auch ich mich ins Jenseits

auflöse – wie der Vater – oder daß ich so schwach werde, wie er es als Kind der Mutter vor dem Vater war. Er macht einen jämmerlichen Eindruck. Er hatte hinterher den Eindruck, ich sei vollkommen enttäuscht von ihm, während er in der Stunde zum ersten Mal auch beim Vierergespräch eine solche Verzweiflung zeigt, daß er meinte, für ihn habe es keinen Zweck mehr, die gemeinsame Sitzung fortzusetzen.
Das macht die Frauen zutiefst betroffen. Er kann nicht mehr mitarbeiten, nur noch Verzweiflung ausdrücken. Die Frauen erscheinen ihm übermächtig, vor allem kommt ihm die Analytikerin vor wie ein kirchliches Monument von Strenge, dem er niemals genügen werde. Für ihn waren die beiden Frauen verbündet, und ihre Gedanken und Gefühle träfen sich wohl niemals mit den seinen.
Später in der Stunde, als es ihm etwas besser geht, tauchen Mutter und Cousine auf. Die habe bei ihren Besuchen bei der Mutter im Ehebett geschlafen, was ihn sehr beeindruckt haben muß, vielleicht aus Eifersucht und Neid: Ein ödipaler Konflikt mit verdrehten Rollen, der ihn noch weiter in die Richtung seiner Identifizierung mit Frauen trieb. Sie bildeten für ihn ein magisches Paar. Und er war immer der Kleine. Er hatte später eine Art leidenschaftliche, kindlich-vorpubertäre Liebesbeziehung zu ihr, die »bis zur Grenze des Legalen« ging, wie er sagt. Er verwechselt auch heute die Vornamen von Frau und Cousine.
In der Tat fühle ich mich in der Stunde immer mehr wie ein schwacher, therapeutisch impotenter Vater, der nicht ausreicht, dem Jungen Mut zu geben. Allerdings erleben wir dafür dann eine Art homosexuelle schwache Verbrüderung – zum Trost. Also: es gibt ein Männerlager und ein Frauenlager, die Frauen sind die Stärkeren. Sie können Gnade walten lassen, ob sie Männer brauchen können oder nicht. Unser Männerbündnis fühlt sich dabei sehr resignativ an, so daß ich in meiner Therpeutenrolle mit Scham über mich und meinen mickrigen Sohn kämpfen muß.

Die Wochen nach dieser Sitzung. Zusammenfassung einiger Einzelstunden.
In den Stunden danach kommt die Gegenbewegung gegen die

Schwächung der Männer, wenn B. selbstbewußt sagt, er sei eigentlich reifer als seine Frau und die Therapeutin. Er erlebe seine Frau als relativ eingeengt. Das sei aber nur selektiv so. Sie sei ja mit Anderen eine ganz muntere Frau, aber... Er phantasiert dann still vor sich hin. Plötzlich kommt es ihm vor, als hätten die beiden Frauen eine tragfähige Beziehung, aber sie seien für ihn ganz in der »Kirche« der klassischen Analyse verblieben, während er stolz betont, daß wir die lebendigere Form von Therapie machen. Und was das Leben anginge, seien wir überlegen! Er sagt aber nicht mehr, worauf sich diese Annahme gründet.

In einer anderen Stunde ist besonders viel von den beiden Frauen die Rede. Wir spielen mehrmals Szenen, in denen seine Mutter und seine Cousine auftreten; wo seine kirchliche Berufung als strahlende Lampe figuriert, die die Welt erleuchtet, wo auch ich als Zeuge vorkomme. Plötzlich kommt auch der Mann der Analytikerin als Figur ins Spiel. An dem Punkt fängt er an, freier zu atmen. Er sagt dem Mann, den er nur einmal im Garten vor dem Haus gesehen hat, die Meinung: Warum er nicht auf seine Frau aufpasse! Er rückt plötzlich die Analytikerin und seine Frau im Spiel weit auseinander und bringt Herrn und Frau F., das Analytikerpaar, eng zusammen. Plötzlich sieht er seine Frau als Tochter des Paares und kann den beiden sagen, er wolle vielleicht um ihre Tochter werben, wobei der ganze soziale Komplex zum Vorschein kommt: Daß er aus kleinbürgerlichen Verhältnissen stamme und die Therapeuten natürlich aus der komfortablen Mittelschicht. Dafür, sagt er stolz, sei er aber lebendiger und nicht so eingeengt!

Dann setzt er die Arbeit an der Differenzierung zwischen Mutter, Cousine, seiner Frau und der Tochter des Therapeutenpaares mit viel Stühlerücken fort. Diese vier Figuren sortiert er und merkt allmählich immer klarer: Seine Frau war intensiv seine Mutter, seine Cousine, aber noch keine eigene Person. Und dann meint er, er könne sich von der Mutter einfach durch Tschüß-Sagen verabschieden. Er setzt Mutter und Cousine noch einmal auf die Zweiercouch nebeneinander, um zu erleben, wie tief die beiden miteinander verbunden waren. Er spürt auch, wie die Cousine für ihn durch ihre bestimmende

Art der magische männliche Partner der Mutter war. Seine Frau repräsentiere auch viel männliche Strenge ihm gegenüber.
In der Viererrunde machte sich in der Tat eine Spur von Verächtlichkeit von seiten der Analytikerin ihm gegenüber bemerkbar, die er natürlich in der Übertragung noch intensivierte. Aus den Berichten seiner Frau sieht sie ihn eher als den Gewalttätigen oder Infantilen, was er partiell auch gelegentlich noch ist. Aber sie sehe natürlich nicht, was er mir jetzt schon berichten könne: Wie tüchtig er im Beruf ist, und wie verantwortungsvoll er mit ihr und den Kindern umzugehen versucht. Am Schluß rekapituliert er mit mir, was er sich mit mir schon erarbeitet hat. Es ist wichtig, daß ich das bezeuge. Er geht dann sehr gestärkt weg.

Drei Wochen nach der vorigen die nächste Vierersitzung
Nach drei Wochen treffen wir uns wieder im Elsaß. Trotz mancher Bemühungen scheitert ein Besuch der Analytikerin in Freiburg in meiner Praxis immer wieder an angeblichen Terminschwierigkeiten. Ich akzeptiere es leicht grollend, weil sie eine größere Familie zu versorgen hat. Sie sagt zu Beginn der Sitzung spontan, er sehe heute anders aus. Er druckst ein bißchen herum, sagt aber, so wie das vorige Mal könne es ja nicht weitergehen. Worauf sie sehr überraschend, fast überrumpelnd fragt: »Oder fühlen Sie sich gestärkt dadurch, daß die Sophie aufgetaucht ist?« Da zuckt er zusammen. Er hatte gedacht, das sei noch völlig geheim. Sophie ist eine Krankenschwester, mit der er flirtet. Seine Frau hatte der Therapeutin davon erzählt. Sie wußte davon. Er meint, er habe es ihr bisher als nur platonischen Flirt vorgestellt, sozusagen vor der Notwendigkeit zu beichten.
Mir hatte er auch nicht erzählt, wie intensiv der Flirt ist und wie die Frau heißt. Da sage ich, Bernard habe gemeint, er sei das einzige große Schlitzohr auf der Welt, und er kontrolliere souverän, was er durchscheinen lasse. Dadurch wird anerkannt, daß er ein Geheimnis haben könne, ohne sich in halbe Geständnisse und Verdrehungen zu verstricken. Dadurch, daß die Frauen das gemerkt haben, war aber auch anerkannt, daß er jemand ist, *der eine Freundin hat* (wie der bewunderte große

Bruder früher). Dabei gibt es viel Gelächter in der Stunde. Ich sage, mir werde auch deutlich, warum ich auf eine Vierersitzung gedrängt hätte: Um die Teile zusammenzusetzen; weil es offensichtlich ein paar Geheimnisse gebe, die noch nicht ans Licht gekommen seien, und das habe mir den Boden entzogen. Es gab plötzlich undurchschaute Koalitionen, und auch Bernard schien mir sowohl verunsichert wie unoffen. Ich mußte sehen, wie seine Frau auf diese Freundschaft zu Sophie reagiert. Er wußte aber nicht recht, warum er alles in diesem Ausmaß verharmloste. Er meinte, es nur viel platonischer schildern zu müssen, aus Angst vor einer Katastrophe. Bernard ist erstaunt, daß seine Frau den Flirt relativ gelassen nimmt. Sie ist zwar eifersüchtig, aber fühlt sich auch entlastet.
Dann möchte Bernard etwas nachholen und der Analytikerin relativ selbstbewußt sagen, was er schon alles realisiert habe in seinem Beruf; daß in ihm ein großer Veränderungsprozeß im Gang sei. Sie kann das hören und annehmen, bleibt allerdings dabei ein bißchen spöttisch. Er will dann aber auch, der gegenpoligen Sitzordnung entsprechend, sagen: »Ihr Frauen, wir Männer, da steht keiner dem anderen nach.« Bekümmert und wütend meint er dann, anderthalb Jahre halte er es jetzt schon aus, daß er und seine Frau keinerlei sexuelle Beziehung hätten. Er hoffe von Monat zu Monat. Ich hätte ihm ja schon vorher gesagt, die Pause sei für seine Frau vielleicht notwendig, um aus der Vermischung der Rollen und der Verstrickung der Übertragungen herauszufinden. Aber es werde ihm zu lang.
Er droht jetzt mit dem Ausstieg. Da merkt seine Frau, daß es ihm um mehr geht als um einen Flirt, und reagiert panisch. Ich sage zu ihr, ich könne sehen, daß es für sie mit den beiden jüngeren Pflegekindern wie eine Katastrophe klinge. Aber in ihrem Gesicht sei auch zu beobachten, daß die Trennungsüberlegungen von Bernard, die sie insgeheim ja wohl auch anstelle, und die Erwähnung der Freundschaft mit Sophie (was immer das heiße) auch ›Morgenröte‹ in ihre Augen bringe. Darauf antwortet sie bejahend: Natürlich habe sie solche Überlegungen auch! Und es sei gut, wenn es so ausgesprochen werden könne wie jetzt: daß es eine natürliche Entwicklung sein könnte, sich zu trennen, daß sie also beide sagen könnten:

»Wir sind zwanzig Jahre verheiratet gewesen, aber wir müssen es nicht bleiben, wenn es so ein Murks ist und wir nur aus Übertragungsgründen zusammengefunden haben, und um von zu Hause loszukommen.« Und wenn wir Therapeuten es ein Stück mittragen würden, daß sie sich auch auseinanderentwikkeln können, dann sei es für sie ein Stück Morgenröte.
Die Analytikerin meinte schon zu Beginn der ersten gemeinsamen Stunde, er komme seiner Frau vor wie der permanent fordernde Phallus, der aufgerichtet oder winselnd und drohend herumlaufe und warte, wann er sie herumkriege. Darauf dämmert ihm, daß er ewig wie ein fordernder Bettler hinter der eigenen Cousine oder Mutter herrennt und fleht: »Wann erkennt ihr mich als Mann an?« Durch das Auftauchen der neuen Frau sieht er, daß er auf einer ganz neuen Ebene etwas fühlt und bekommt. Er und Sophie haben inzwischen auch zusammen geschlafen. Aber wichtiger sei, daß sie Gespräche führen, in denen er sich völlig gleichwertig fühle. Dadurch ist die sexuelle Bettelei weg von seiner Frau, und Sexualität ist zum ersten Mal eingebettet in eine auch geistige und seelische Beziehung unter Gleichen.
Ich sage dann noch, ich wollte den Frauen wenigstens die Frage stellen, wie sie es sich erklären, daß sich seine Frau beim Thema Sexualität vollkommen verschließe. Er meint, sie wolle ihn strafen, erlebt sie in der Wiederholung als abweisende, strafende Mutter. Davon hat sie natürlich auch etwas. Sie rächt sich sicher auch am Vater für dessen Übergriffe. Aber sie ist ja nicht nur Mutter, sondern wird von ihm auch in die Identifizierung mit ihrer eigenen Mutter tiefer hineingetrieben. Ich habe aber auch den Verdacht, daß die beiden Frauen sich dem Thema Mißbrauch noch gar nicht angenähert haben und frage deshalb genauer, wie weit sie denn seien mit der Entdeckung der realen Übergriffe und des vermuteten sexuellen Mißbrauchs. Darauf werden beide ein bißchen verlegen. Ich postuliere etwas dozierend, aber auch besorgt um die Parallelität der Arbeit, daß es ein ganz zentraler Punkt sei zu entdecken, was real passiere. Das können sie so aufnehmen, und sie akzeptieren, daß es da etwas aufzuarbeiten gibt, was auch auf Bernard schlimme Auswirkungen hatte, wogegen er anrennt und mit seinen Übertragungen reagiert. Umgekehrt erlebe sie seine

drängenden Forderungen als brutal, es verstärke in ihr die alte Vaterbeziehung, mache es ihr, vielleicht aus Trotz, schwerer, unter dem Andrängen seiner wuchtigen Forderungen die Erinnerungen aufsteigen zu lassen.

Die Analytikerin ist erstaunt und reagiert eher dämpfend-bremsend, so, als sähe sie das Hauptproblem, in Identifizierung mit den Anklagen der Frau, vorwiegend bei ihm. Insofern haben wir Therapeuten etwas von dem Streit übernommen und schützen ein Stück weit unseren jeweiligen Patienten. Deshalb ist es bedauerlich, daß die gemeinsamen Gespräche nur selten stattfinden können. Es wäre gar nicht verkehrt, die Therapie in eine regelmäßige Paartherapie übergehen zu lassen, mindestens in kürzeren Abständen die Positionen des Paares zu orten. Ich sage: »Wenn in einer Ehe über zwanzig Jahre Gier, Verweigerung, Rache, Abweisung, Kälte, Selbstmorddrohungen, Vernichtungsgefühle und Gewaltausbrüche die Beziehung begleiten, dann hat das eine Vorgeschichte.« Ich glaubte, daß es nicht nur um symbolische Wiederholungen gehe, sondern daß es zum Teil konkrete Wiederholungen seien, körperlich gespeicherte Verstrickungen nach einem unausweichlichen Drehbuch.

Bei diesen Themen sieht Bernards Frau so schlecht aus, daß ich folgenden Schluß ziehe: Die Übergriffe, die auch sexuell interpretiert waren, stammten wohl auch von der Mutter der Patientin, nicht nur vom Vater. Die Panik, die ich beim Thema Sexualität und Gewalt in ihrem Gesicht sähe, sei vielleicht nicht allein dem Vater anzulasten. Meine Vermutung sei, daß bedrohliche Übergriffe auch von der Mutter gekommen seien. Atmosphärisch stimmen die beiden Frauen zu, aber es gebe noch keine konkreten Anhaltspunkte. Insgeheim bin ich in dieser Sitzung über den Stand der Analyse enttäuscht, zumal die beiden schon viel längere Zeit und mit drei Wochenstunden arbeiten, weiß aber nicht, was ich da vom Patienten aufgenommen habe, was meine Arroganz ist, meine Überzeugung vom größeren Nutzen der Einbeziehung des Körpers, und anderes mehr. Es bleibt ein Unbehagen, das sich so auswirkt, daß wir uns noch seltener zusammensetzen.

Gegen Ende der Stunde kommen wir plötzlich noch auf das Thema Kindesmißhandlung. Und ich sage, man wisse doch inzwischen, wie viele verzweifelte Mütter ihre Babies schlagen oder als Trostwesen mißbrauchen. Das Thema öffnet eine ganz neue Dimension, weil beim Thema Mißbrauch jeder Therapeut immer wieder seinem eigenen Widerstand gegen die aufwühlenden Affekte zum Opfer fallen kann. Denn viele von uns haben in ihrer Ausbildung von diesem erschreckenden Bereich so gut wie nichts gehört. Im Gegenteil: Als Freudianer war man auf die Triebtheorie eingeschworen, und auf Freuds angeblich geniale Idee, den sexuellen Mißbrauch vorwiegend in die Phantasien und geheimen Lüste der Kinder zu verlegen.

Das Erscheinen der Fee

Eine Woche später

In der folgenden Einzelstunde ist Bernard noch immer geschockt von der unerwarteten Offenlegung der Beziehung zu Sophie. Nun kann er aber zum ersten Mal mit mir über die Beziehung sprechen. Als er hereinkommt, macht er ein Gesicht, das mich spontan sagen läßt: »Mein Gott, was hat Ihnen denn so die Gerste verhagelt?« Er läuft verlegen im Zimmer herum und sagt, er komme sich vor wie beim Schulrektor, zu dem ein Schüler, der etwas angestellt hat, bestellt wurde. Dann muß er lachen und berichtet, daß er am Vorabend drei Stunden bei Sophie war. Er sei mit ihr in ihrem Zimmer verabredet gewesen. Sie hatte sich aber selbst ausgesperrt, indem sie die Schlüssel stecken ließ und die Tür zuzog. Er wollte sich schon enttäuscht verabschieden, als sie noch einmal ums Haus gingen und entdeckten, daß sie mit einem Stock die Balkontür öffnen konnten. Darauf hätten sie zwei Stunden wunderbar miteinander geschmust, aber nicht miteinander geschlafen. Er spüre einen solchen Reichtum. Er habe immer nur gemerkt, er brenne darauf, möglichst bald eine Frau ins Bett zu kriegen. Nun sei er fasziniert von dem Reichtum der Gespräche, den Zärtlichkeiten, dem wechselseitigen Anstaunen und Betrachten. Er ist noch ganz erfüllt.

Gegenüber einem strafenden Überich läuft etwas ganz anderes: »Ich habe etwas Schlimmes angestellt.« Er sagt, er könne es kaum aushalten, weil er nicht wisse, ob es eine Beziehung sei, die irgendwann die Ehe beenden oder zerstören werde.

Auf der anderen Seite ist er einfach ergriffen und begeistert von dieser neuen Begegnung. Er brauche jetzt sein aushäusiges Zimmer wie einen neuen Lebensraum. Er geht aufgewühlt hin und her. Ich solle gar nichts sagen, sondern nur zuhören, nur da sein! Weder verurteilend noch ratschlagend! Und ganz scheu fügt er hinzu, ich solle das Ganze auch verstehen als ein Geschenk an mich. Das habe er nur noch nicht sagen können, deshalb habe er so oft verlegen geschwiegen. Bisher sei es immer so gewesen, daß er mich als den Meister empfinde, und jetzt spüre er, daß sich etwas in ihm selbst neu bilde, eine eigene Substanz. Er wisse, was er mir verdanke, aber was er jetzt mit Sophie erlebe, fasse er auch als seine eigene Schöpfung auf.
Es klingt wie ein Abschied von den bisherigen magischen Vorstellungen: Daß er viel direkter etwas von mir *kriegen oder übernehmen* könne; daß er nur Anleitungen oder Ratschlägen zu folgen brauche. Er erlebt jetzt in einem pathetischen Sinne ein eigenes Selbstsein, Eroberung von sich selbst und der Frau in einer differenzierten und liebevollen Beziehung, kommt sich aber auch vor wie ein Gefäß, das die neue Fülle noch kaum halten kann.
Wichtig ist noch der Übergang von verhärteter Moral zur Menschlichkeit. Er spüre natürlich, daß er Zeit seines Lebens vollgestopft worden sei mit moralischen Vorstellungen, denen er aber nie gewachsen war. Das brachte ein permanentes Leben in Sünde und Selbstverachtung. Und jetzt öffne sich in ihm ein Raum, wo er selbst erforschen und erleben könne, was in ihm steckt, ohne daß der Teufel gleich als Anstifter im Hintergrund vermutet werde. Und er wolle seinen neuen Besitz so entwickeln, daß der Schaden für ihn selbst und seine Familie so gering wie möglich gehalten werde. Er wolle zu seiner Entwicklung stehen. Seine Frau tue das ja auch. Mit der wachsenden Einfühlung in sich selbst scheint auch die Bereitschaft zur Einfühlung in den Anderen zu wachsen.
Er sagt noch, er habe schon früh als Diakon gewußt, daß in der Kirche hinten und vorne manches nicht stimme. Aber als er damals meinen Vortrag über neurotische religiöse Sozialisation gehört habe, sei ihm klar gewesen: Es gebe jemanden, der es mit ihm aushalten und ihn herausführen könne. Insofern

ließe sich, nach seinem alten Muster, fast von einer biblischen oder religiösen Begegnung sprechen, die immer menschlicher werde. Und so sei es ihm auch mit Sophie gegangen. Er kenne sie schon seit drei Jahren durch Teambesprechungen auf der Station, wo er auch Dienst tut. Seit einem halben Jahr erst wisse er aber, daß die Gespräche mit ihr ihm helfen würden, aus dem Negativen herauszukommen. Bisher habe er nur gewußt, daß seine Ehe kaputt sei. Jetzt wisse er, er sei nicht verrückt und endgültig verkorkst, sondern in ihm liege die Möglichkeit, eine nicht-verrückte Beziehung zu gestalten. Damit versucht er meine und Sophies Bedeutung miteinander zu verbinden als, wie er es nennt, *umwerfende Begegnungen*.

Nachbetrachtung zur Therapie

Hiermit enden die Aufzeichnungen. Fortgang und Hauptthemen der weiteren Behandlungen seien skizziert: Sophie verbleibt im Zustand einer erotischen Fee. Sie entschwindet nach Wochen des Glücks auf eine Selbstfindungsfarm in der Südsee, muß wohl gespürt haben, daß die Beziehung noch etwas Irreales, Träumerisches, Rauschhaftes hatte. Aber es beginnt die qualvolle Auseinandersetzung mit den Schuldgefühlen über Lebendigkeit und Sexualität, Untreue und Verantwortung gegenüber der Ehe, die immer mehr den Charakter eines Gefängnisses annimmt. Sie war auch durch gemeinsame Anstrengungen aller vier Beteiligten nicht zu retten.

Nach einigen Monaten taucht seine spätere Frau auf, auch sie zunächst noch im Zustand der erlösenden Fee, aber mit deutlich realeren Zügen, mit Übertragungsverstrickungen vertraut durch eine eigene frühere Therapie. Es gibt aufgewühlte Szenen zu Hause, die Kinder geraten in Panik, betrachten die Freundin zuerst als Feindin, freunden sich nach langen Mühen mit ihr an, erleben nach längerer Zeit die Entkrampfung und den Zugewinn an allgemeiner Lebensfreude.

Einer der zentralen Punkte war die Arbeit an der Verschüttung und der damit verbundenen lebenslangen Bereitschaft zur Panik. Wir haben immer wieder die Umklammerung durch die schützende, aber beim Einsturz des Hauses erstickte Nachbarin, seine Schocklähmung durchgespielt, bis langsam die Konvulsionen, der Schrei, das Aufheulen, die Angst vor Auflösung und Tod durchbrachen. Das braucht viel Halt, wenn die Erstarrung sich lösen will.

Wir drangen zu einigen Geburtsszenen vor, die sich mit der tödlichen Umklammerung liiert hatten. Ich saß dann, wenn er auf dem Bauch auf dem Boden lag, rittlings über ihm, er wand sich durch den Ring meiner Schenkel, mit den Händen hielt ich zuerst seinen herausdrängenden Kopf. Es war mit Blut, Tränen und Schweiß verbunden. Aber sein Körpergefühl veränderte sich definitiv.

Wichtig war die Arbeit mit der Stimme, die sich ihm immer wieder entzog, hin zu raschelnder Leere oder depressiver Beengtheit. Er fürchtete, bei den Stimmübungen könne der Zerfall, der Wahnsinn durchbrechen, bis er es schaffte, in grotesken hohen Tönen die Panik zuzulassen. Es war mit viel Scham verbunden. Ganze Schichten der Verstellung der Stimme, des tonlich eingeübten falschen Selbst mußten abgetragen werden. Lange Phasen von plötzlichen Herzschmerzen begleiteten die elementaren Trennungsvorgänge. Die Mutter, Christus, der Bischof, der Vater, frühe Priester, die Cousine, Lehrer und seine Frau waren immer wieder Partner intensiver Szenen, bei denen die erinnerten Personen durcheinanderwogten. Ebenso wogten die verschiedenen Aggregatzustände von Trauer, Wut und Verzweiflung, Leidensseligkeit und Auflehnung, archaische und spätere Schuldgefühle durcheinander, und es wurde immer wieder, auch quälend, seine tiefe Bindung an die von Albert Pesso so genannte »negative Nahrung« deutlich, die frühe Verschmelzung von Realitäts- und Identitätserfahrung mit prägenden schlimmen Gefühlen. Identität, Leiden und neurotische Bebilderung, die Einfärbung aller Erfahrung durch religiöse Phantasien verlangten lange und geduldige Arbeit. Bernard konnte über Wochen in totaler Resignation versinken, auch um mich zu prüfen. Meine Zuversicht trübte sich nur zweimal einige Wochen lang, als wir im Kampf gegen den Alkohol zu unterliegen drohten. Die einsamen Abende nach seinem Auszug aus der Familienwohnung drohten ihn zu verschlingen und in einen depressiven, aber auch trotzigen und selbstdestruktiven Abgrund zu reißen.

Die Wendung zu größerer Stabilität deutete sich in mehreren Linien an. Die eine war die Identifizierung: er wollte selbst seine seelsorgerliche Tätigkeit therapeutisch vertiefen und fand, trotz großer Ängste, Zugang zu einer qualifizierten körpertherapeutischen Ausbildung. Die Erfahrung, daß auch andere Ausbildungskollegen in tiefer Not sein konnten, ermäßigten sein Gefühl von negativer Auserwähltheit und leidensvoller Grandiosität. Er schloß Freundschaften, wurde eingeladen, konsultiert, tauchte in eine Gruppendynamik, die nicht nur von Brüdergespenstern, Engeln und Teufeln, Klassenclowns und verführerischen Cousinen durchsetzt war.

Eine zweite war die Stabilisierung der neuen Liebesbeziehung trotz eines wilden Taumels von Trennungen, wuterfüllten Krächen, Wiederbegegnungen, Schuldgefühlen ob ihrer Jugend (sie könnte seine Tochter sein), dem demütigenden Zwang zur

Heimlichkeit, dem unberechenbaren »Versagen« in der Sexualität nach festlichen Wochen der Freude aneinander, den Unterschieden im Erleben der Nähe: er wollte sie manchmal nur stundenlang betrachten und versank in eine für sie schwer verständliche Andacht, in der sie ihn zu verlieren glaubte. »Maß und Reife« wurden zu Leitmotiven für ihn.

Eine dritte Linie war die Entdeckung, daß er sich aus den symbiotischen Ersatzbeziehungen zu den kleinen Töchtern herausarbeiten konnte. Sie kämpften wie die Löwinnen um die Bettenplätze an seiner Seite, gegen den fremden Eindringling, der sie ins Kinderzimmer verbannt wissen wollte. Die Arbeit an den Verstrickungen und die Rückgewinnung verantwortlicher Väterlichkeit anstelle von symbiotischer Mütterlichkeit erfüllten ihn mit hilfreichem Stolz. Aus verschiedensten Fragmenten begann sich ein neues Ichideal zusammenzusetzen, das tragend und nicht mehr kompensatorisch überhöht war.

Schließlich spielten supervisionsartige Gespräche in ruhigen Phasen der Therapie über Klinikpatienten wie über erste eigene private Patienten eine Rolle. Er war überwältigt, als ich ihm einen schwer vom sozialen Abrutschen und destruktivem Umgang mit einem Kind bedrohten Maler schickte, der ihm in manchen Zügen glich. Es gelang ihm, ihn zu halten und zu stabilisieren, und in der Identifikation mit ihm auch sich.

Schließlich hatten wir noch die Zone des Ekels zu durchschreiten, eines der schwierigsten Themen, nicht nur in religiös-prüden Familien. Sein Körper, so fühlte er es, war umgeben von Schichten der Selbstablehnung und der Erwartung, von anderen mit Gesten des moralischen wie des physischen Abscheus zurückgestoßen zu werden. Zuweilen vernachlässigte er auch sein Äußeres, Kleidung und Körperpflege, erschien unrasiert, übernächtigt aussehend, ein Outcast, der dennoch meist seinen Dienst versah, freilich noch häufig krank war, und es als einen Triumph feierte, als er zum ersten Mal wirklich schwänzte und sich einen schönen Tag machte, statt sterbende Langzeitpatienten zu begleiten. Der Ekel schwand mit unseren Berührungen, natürlich auch durch die so lange Zeit unbekannt gebliebenen Wonnen der Sexualität, der hingebungsvollen Zärtlichkeit, die er besonders genoß, wenn sie nicht automatisch in Begehren umschlugen.

THEORETISCHER ANHANG

1. Zum Umgang mit der Übertragung

Dem psychoanalytisch geschulten Leser wird aufgefallen sein, daß mit der Einbeziehung des Körpers sich auch der Umgang mit der Übertragung verändert. Analog den verschiedenen körpernahen Erinnerungssystemen, die den in der verbalen Psychoanalyse genutzten symbolischen Erinnerungsraum ergänzen, gibt es mehrere parallele Übertragungsstränge, die am Ende der Therapie natürlich so weit wie möglich integriert sein sollten. Je nachdem, ob unbewußtes Material zugänglich wird aus der herkömmlichen Form der Übertragung auf den Analytiker, aus verschiedenen Schichten einer Körper-Übertragung auf seinen Körper, einer szenisch-handlungsorientierten auf seine Interaktionsangebote, oder einer stärker senso-motorisch orientierten, wird auch die Arbeitsform mit diesen Fragmenten zunächst unterschiedliche Formen haben. Die verbale oder künstlerische Aufarbeitung dient der Vereinheitlichung der zunächst oft weit auseinanderliegenden unbewußten Beziehungsschichten.

Es kann dabei durchaus zu einer der innerseelischen Fragmentierung entsprechenden Fragmentierung des therapeutischen Raumes kommen.

Der Patient kann durch eine freie Nutzung des Zimmers, des Wechsels zwischen Liegen, Sitzen, Stehen, Gehen, auch Krabbeln, Kriechen usw. wichtige Szenen selbst gestalten. Er kann aus einer Übertragungsebene »aussteigen« und in eine andere Regressions- und Beziehungsform übergehen; er kann aus einer beginnenden Übertragung auf den Therapeuten hinüberwechseln zu einer Interaktion mit den inneren (oder früheren) Objekten, die durch die Übertragung mobilisiert worden sind. Dies alles soll natürlich nicht zur Beliebigkeit führen. Auch die Wechsel in der Konstellation sollen deutend (still oder kommunikativ) in den Prozeß einbezogen werden.

Zur Verdeutlichung ein einfaches Beispiel: Bei einem auf der Couch liegenden Patienten kann es durchaus sein, daß eine beginnende negative Übertragung wichtiges Material blokkiert, weil der Patient sich fürchtet, seine negativen Erwartungen dem Therapeuten anzulasten. Dann kann es sich als hilfreich erweisen, den Patienten zu ermutigen, noch im Liegen diese negativen (aber auch positiven) Gefühle der ursprünglich gemeinten Person gegenüber auszudrücken. Dies führt oft zu einer Klärung und Intensivierung der Gefühle. Der Analytiker wird zu einer ermutigenden Schutz-Person, die den Patienten in eine ängstigende Szene begleitet. Er wechselt also hin und her zwischen einer Figur, an der sich die Übertragung konstelliert, und einer Hilfsperson, die ihn stützt bei der Begegnung mit den ursprünglich bedrohlichen Figuren.

Der Patient mag allerdings im Liegen sich zu ohnmächtig und ausgeliefert fühlen zur Begegnung mit einem frühen Objekt. Dann kann man ihn ermutigen, zu erproben, aus welcher Position und mit welchem zusätzlichen Schutz er sich der Begegnung annähern mag. Er verstärkt dabei die Einfühlung in sich selbst hinsichtlich der Bedrohlichkeit der ursprünglichen Szene und des zusätzlichen Beistandes, den er gebraucht hätte, um sich anders zu verhalten. Die Stärkung kann symbolisiert werden durch eine kleine Schutzmauer, durch das Festhalten eines mit dem Therapeuten ausgehandelten schützenden Gegenstandes, der sowohl Beistand wie die künftigen eigenen seelischen Kräfte symbolisieren kann. Die Ermutigung zur Begegnung mit den nach außen gesetzten inneren Objekten kann für den Patienten auch darin bestehen, daß er sich so setzt, daß die Nähe des Therapeuten Rückhalt oder Beistand signalisiert.

Dies alles ist besonders wichtig, wenn sich im Kosmos der inneren Objekte vorwiegend traumatisch erlebte Figuren aufhalten, wenn wir also im klassischen Setting von einer kumulativen negativen Übertragung sprechen würden. Den Patienten Bernard auf der Couch ausschließlich seiner Übertragungsentwicklung zu überlassen, erschiene mir als eine künstliche Erschwerung seiner Neuorientierung, ja als eine mögliche Re-Traumatisierung, weil der Analytiker als »neues« und haltgebendes Objekt sich viel zu langsam aus den negativen Übertragungsmassen herauskristallisiert. Bernard erinnert sich an die einjährige Analyse auf der Couch bei einem sehr schweigsamen Analytiker als eine pure Horrorszene, die ihn beinahe endgültig abgeschreckt hätte, noch einmal Hilfe in Anspruch zu nehmen.

Die Körper- wie die szenische Arbeit dient also auch der rascheren Konturierung und Implantierung eines alternativen Hilfsobjekts. Dies wird noch dadurch verstärkt, daß mit den Figuren der idealen Eltern Interaktionserfahrungen angeboten werden, die aller bisherigen Erfahrung zuwiderlaufen und sich in neuen Interaktionsmodellen und Selbstkernen niederschlagen. Damit keine Konfusion entsteht, werden diese Rollenfragmente vom Analytiker in einer gelegentlich zeremoniellen, auf jeden Fall klar erkennbaren und zeitlich befristeten Übernahme eingenommen und wieder abgegeben. Es erweist sich sogar für eine klarere Orientierung als vorteilhaft, für solche Inszenierungen unterschiedliche »Spielorte« im Raum einzunehmen oder nach einer Handlungssequenz zur Integration wieder die ursprünglichen Plätze des Therapeutensessels und der Couch oder des Patientensessels einzunehmen. Sie sind stabile Orte der »Aufarbeitung« und der Integration, die sich aber auch, wie passagenweise bei Bernard, plötzlich in der Wiederholung als Orte alter Fixierungen erweisen können.

Bei Kindern wechseln wir ganz selbstverständlich die Kommunikations- und Interaktionsebenen und deren Stile. Dies hat Ferenczi im Auge gehabt, als er »Kinderanalysen mit Erwachsenen« machte, in der Gewißheit, daß zuviel Material unzugänglich bleibt, wenn wir davon ausgehen, daß der Patient auf der Couch symbolisch regredieren und gleichzeitig eine fast rituelle Ichspaltung zur verbalen Kommunikation aufrechterhalten soll. Der Analytiker darf darauf vertrauen, daß es, neben allen Ängsten und Widerständen, im Patienten eine Kraft und einen starken Wunsch gibt, die Fragmentierung seiner Erinnerungssysteme wie die der therapeutischen Kommunikationsformen zu integrieren. Allerdings braucht er dabei Hilfe.

Ein größerer Anteil von Handeln, Interagieren, Berühren, Inszenieren verstärkt den durch die Säuglingsforschung als zentral herausgestellten Aspekt der »Urheberschaft« als einen Kern des sich bildenden Selbst. Ihr Verlust macht ja gerade einen Teil der Störung aus; ihre Wiedergewinnung ist durch die Stillegung des Körpers und damit auch der interaktiven und sensomotorischen Beziehungsformen in der nur symbolischen

Regression zumindest erschwert durch eine Reproduktion der frühen Macht-Ohnmacht-Konstellation auf der Couch mit hohem Autonomieverlust.

Befriedigende Interaktionen mit dem Erleben der psychosomatischen Wechselseitigkeit durch den Patienten, verbunden mit der Wahrnehmung, daß die Interaktionen auch den Therapeuten erfreuen oder beleben können, ermäßigen zwangsläufig auch das Problem des Neides, den viele Patienten als Folge des Umgangs mit »verweigernden Objekten« in sich tragen. Bei einer Neidthematik dauert es in einer klassischen Analyse viel länger, bis der Patient erlebt, daß er in seinem eigenen Körper wie in seiner Seele Kostbarkeiten genug im Wartezustand besitzt, die aktiviert und durch das Erleben in der Wechselseitigkeit in eigenen Besitz genommen werden können. Neid verschwindet weniger durch unablässiges Deuten und Trauern als durch die Erfahrung des eigenen Wertes.

2. Über Säuglings- und Kleinkindforschung und Körperpsychotherapie

In aller Stille ist es wissenschaftsgeschichtlich und im Hinblick auf die empirischen Fundamente der Psychoanalyse zu einer dramatischen Situation gekommen. Die Ergebnisse von drei Jahrzehnten Säuglings- und Kleinkindforschung liegen nun in übersichtlichen Handbüchern vor. Das Hauptergebnis: die ursprünglich als undifferenzierte Triebbündel gedachten Lebewesen, die sich nur unter dem Druck des Hungers und der Hilflosigkeit dazu bequemen, andere Menschen als potentielle Mitspieler in ihre autistische Welt einzulassen, erweisen sich als hochkompetente Akteure. Sie sind mit erstaunlichen Fähigkeiten ausgestattet und auf Geselligkeit, Neugier, Kompetenz und Aktivität ausgerichtet. Es sind große Verführer zum sozialen Zusammenspiel. Sie setzen bei (halbwegs normalen) Eltern Eigenschaften in Gang, die den Tanz der Auseinandersetzung nach vielen Tonarten inszenieren. Die Freudsche Triebtheorie erweist sich weitgehend als viktorianischer Jahrhundertirrtum, und man fragt sich, zu welchen Tageszeiten die Pioniere der Theorie der determinierenden und allumfassenden Bedeutung der frühkindlichen Sexualität und ihre Nachbeter ihre Kinder zu Gesicht bekommen haben.

Säuglinge und Kleinkinder folgen nicht einem oder zwei dominierenden Trieben, sondern klar unterscheidbaren Motivationssystemen, die auch beim besten Willen nicht auf zwei biologische Einzeltriebe rückführbar sind. Die Theoretiker der Objektbeziehungs- und Bindungsforschung haben dies seit langem betont, ebenso wie Kohut und die Selbstpsychologen. Aber der heute viel gelesene Theoretiker Otto Kernberg läßt wieder wenig Zweifel am Primat der Triebtheorie.

Die Paradoxie der Rezeption der Säuglingsforschung will es, daß es Psychoanalytiker sind, von denen die umfassendsten Berichte über den Stand der Dinge stammen. Es scheinen Forscher zu sein, denen die Mythologie des »konstruierten Säuglings« allmählich unheimlich wurde angesichts des sich häufenden empirischen Materials. Es begann mit J. D. Lichtenbergs großer Studie »Psychoanalyse und Säuglingsforschung« (1991,

USA 1983), dann kamen Bücher von Lebovici (1990), Brazelton und Cramer (1991) und andere hinzu, die mit mehr oder weniger großer Verspätung ins Deutsche übersetzt wurden. Und jetzt liegen die großen zusammenfassenden Arbeiten von Daniel Stern (1992) und Martin Dornes (1993) vor. Dornes' Buch »Der kompetente Säugling. Die präverbale Entwicklung des Menschen« ist als Taschenbuch zu haben. Ich stütze mich bei den folgenden Überlegungen besonders auf dieses Buch, weil es, trotz des euphorischen Bekenntnisses von Dornes, Mitarbeiter am Frankfurter Sigmund-Freud-Institut, zur Psychoanalyse als Wissenschaft und Behandlungsform, die Kritik am »konstruierten Säugling« am weitesten treibt und die Preisgabe einer Reihe von Konzepten empfiehlt, mit denen wir alle groß geworden sind. Nicht zuletzt die Tatsache, daß es angesichts seines Preises für alle Studenten, Wissenschaftler, Patienten, Therapeuten so leicht zugänglich ist, dürfte dazu führen, daß von ihm Druck ausgeht auf unser theoretisches wie praktisches Selbstverständnis.

Diese Bücher werden das untergründige Beben verstärken und die Technikdebatte neu beleben, und es ist vielleicht nicht übertrieben zu sagen, daß das Schicksal der Psychoanalyse davon abhängt, ob sie diese gigantische Herausforderung angemessen zu beantworten und vor allem Folgerungen für ihre therapeutische Praxis zu ziehen vermag.

Die größte Gefahr geht dabei vom Festhalten an dem bei bestimmten »reifen« Neurosen idealen Couch-Arrangement für ein viel zu breites Spektrum von seelischen Störungen aus, für die sie mit ihrem reduzierten Angebot an mobilisierenden wie an korrigierenden Interventionsmöglichkeiten in der Regel gar nicht geeignet ist. Die Folge: Behandlungen von vielen hundert Stunden, mit oft magerem Resultat und erschöpftem Personal auf beiden Seiten. Ich nenne die Hauptgefahr in der und durch die Psychoanalyse deshalb, nach langem Zögern, inzwischen die *Veruntreuung des Freudschen Erbes durch geistigen Gehorsam.* Das ist schmerzlich für mich, der ich selbst Psychoanalytiker bin.

Aber die Ergebnisse der Säuglingsforschung stellen soviel Vertrautes infrage, daß die Sorgen berechtigt sind. Ich möchte zwei gedankliche Linien genauer verfolgen:

1. kurz aufzeigen, in welchem Ausmaß die Säuglingsforschung uns in seelische Bereiche der präverbalen Zeit führt, die kaum jene Form der Symbolisierung erreichen, die die Voraussetzung für unser vorwiegend verbales Analysieren ist.
2. kurz Vorschläge umreißen, die sowohl mit der durchschnittlichen psychoanalytischen Ausbildung und deren überichbewehrter Idealisierung zu tun haben, dem berechtigten Zögern vieler Kollegen vor der Einbeziehung des Körpers, als auch der Möglichkeit der Kooperation mit Körpertherapeuten; dies vor allem dann, wenn in manchen Analysen die Stagnation oder das Nicht-Erreichen bestimmter pathogener Ebenen unabweisbar werden. In vielen psychotherapeutischen Kliniken ist die Zusammenarbeit von Analytikern mit Körpertherapeuten inzwischen selbstverständlich. Die therapeutische wie theoretische Zusammensetzung der Übertragungsspaltung erfolgt in den Konferenzen. Und es gibt inzwischen auch in einer Reihe von Arbeiten über den stationären Umgang mit Borderline-Patienten. In der ambulanten Psychoanalyse herrscht in der Regel die Monokultur einer einzigen Arbeitsweise mit einem einzigen Therapeuten, und eine Reihe von psychischen Strukturen überfordern dieses Setting beinahe prinzipiell.
Die Probleme hängen untereinander zusammen. Die Säuglingsforschung scheint mir zwingend neue Methoden des Zugangs zu nicht oder schwer symbolisierbaren Affekten, Konflikten und Defekten zu gebieten. Die Analytiker haben Abstinenz in einem veralteten Sinne gelobt – nämlich nach den Mißverständnissen der Triebtheorie –, und nur eine kleine Zahl holt sich Selbsterfahrung und Fortbildung in dem, was fünf Jahrzehnte verleugneter Behandlung und Forschung auf dem Sektor der Körpertherapie zutage gefördert haben. Deshalb ist es wahrscheinlicher, daß die notwendige Körperarbeit den Patienten, die sie brauchen, eben auf dem Weg der Kooperation zukommen wird, mit allen Problemen neuer Formen von Triangulierung, die diese Kooperation von mehreren Therapeuten an einem Patienten mit sich bringt.
Über die mir vertrauten Formen der Körperarbeit in der Analyse habe ich an mehreren Stellen geschrieben und verweise auf »Das erste Jahr«, die »Körpertherapeutischen Phantasien« und das zuletzt erschienene »Stundenbuch«. Die Summe des

empirischen Wissens, die sich in den hier angesprochenen Büchern von Psychoanalytikern über Säuglingsforschung darstellt, ist so riesig, daß im folgenden nur Einzelthemen angedeutet werden können. So schreibt Dornes gleich zu Beginn, daß, entgegen allen bisherigen Annahmen, »die Affekte schon in den ersten Lebensmonaten äußerst differenziert sind. Fast alle in der Emotionsforschung als ›basal‹ bekannten Affekte existieren bereits beim Säugling. Von undifferenzierten oder bloß in Lust–Unlust bzw. gut–böse differenzierten Gefühlszuständen des Säuglings kann keine Rede sein.« (S. 16/17) Des weiteren sind sich die Forscher einig, daß das Kleinkind bis ins Alter von eineinhalb Jahren das nicht kennt, worauf ein Teil der Theorie der Konflikte und ein Teil der Behandlungslehre beruht: Phantasien, die die Realität umformen. Dies hat es ja möglich gemacht, die »wirklichen« Erlebnisse der Kinder als zweitrangig zu erklären und die pathogenen Erlebnisse in die Welt der Phantasie zu verlegen, einschließlich des sexuellen Mißbrauchs. Phantasien haben die *Eltern* über das Kind, und wenn sie seelisch gestört sind, überziehen sie das gesunde Potiential des Kindes mit ihren aufgezwungenen Deformationen.

Der Säugling wurde in der Psychoanalyse nach dem späteren Bild kranker Erwachsener entwickelt. »Theorikomorpher und adultomorpher Mythos gehen oft Hand in Hand mit dem dritten, dem pathomorphen Mythos. Der normale Säugling wird dabei in Begriffen aus der Erwachsenenpathologie beschrieben, etwa wenn man die erste normale Entwicklungsphase ... autistisch nennt. Als Vorbild dient hier der erwachsene Autist.« Martin Dornes, als psychoanalytisch orientierter Forscher sozusagen Revolutionär wider Willen geworden, faßt seine Ergebnisse so zusammen: »Psychoanalytische Entwicklungspsychologie ist ... keine Theorie, die entwicklungspsychologisch richtige Aussagen anstrebt, sondern eine Mythologie oder ... eine ›Theorie der Kindheit als konstruierter Mythen‹. Das reale und das rekonstruierte Kind fallen damit vollständig auseinander.«

Am gravierendsten wird die Ausblendung der Empirie natürlich im Bereich der Sprache und ihrer Monopolstellung in der Therapie. Die Lebenserfahrung des Kleinkindes beim Durchleben des vorsprachlichen Kontinents ist so riesig, und was davon dann in Sprache übergeführt wird, ist nur ein Teil seiner ihn prägenden emotionalen und adaptativen Geschichte. Nun ließ sich bisher annehmen, daß das meiste davon sich nachträglich in Sprache fassen läßt, aber auch von diesem Mythos gilt es sich zu verabschieden. Die »narrative« Überarbeitung der frühen wie der laufenden Erfahrung eröffnet zwar ganz neue, symbolische Verständigungshorizonte, aber ungeheuer viel geht auch verloren; die guten wie die schlimmen präverbalen Erfahrungen schlagen sich in ganz anderen Erinnerungsspeichern nieder und halten die seelischen Erkrankungen von dort aus weiter in Betrieb. Dies erklärt auch, warum die Analyse archaiasche Affekte selten in ihrem pathogenen Zustand zu Gesicht bekommt.

Daniel Stern formuliert es so: »Das globale Erleben (an dem alle Sinne und Affekte beteiligt sind, T. M.) kann zerrissen oder einfach unzugänglich dargestellt werden, so daß es sich entzieht und eine kaum verstandene Existenz unter falschem Namen führt. Und schließlich sind bestimmte globale Erfahrungen ... der Sprache nicht in dem Maße zugänglich, daß sie einen Teil herausgreifen und sprachlich transformieren könnte. Diese Erfahrungen führen dann einfach eine untergründige, nichtverbalisierte, namenlose ..., aber nichtsdestoweniger höchst reale Existenz.« (»Die Lebenserfahrung des Säuglings«, Stuttgart 1992, S. 248) Was viele Forscher schon lange vermuten: daß die starre Konzentration auf Sprache zur Entwicklung eines »falschen Selbst« beim Patienten führen kann, wird hier empirisch plausibel gemacht. Ganz wichtige Bereiche des krank wie gesund machenden Erlebens bleiben vorsprachlich, im szenischen, im Bewegungs- oder im Körpergedächtnis erhalten. Aber dort will sie die Psychoanalyse, die an den ausschließlich sprachsymbolischen Bedeutungsraum glaubt, nicht abholen.

Nicht nur in der Theorie, sondern auch in der Behandlungspraxis geht die orthodoxe Psychoanalyse also meilenweit an der vollen kindlichen und späteren erwachsenen Lebenswirklichkeit vorbei. Um noch einmal Stern zu zitieren, der sein gewaltiges Werk als Säuglingsforscher mit äußerst mageren Folgerungen als Psychoanalytiker für die Weiterentwicklung der Therapie beschließt: »Wir haben gesehen, daß die Sprache das interpersonale Selbsterleben zu spalten vermag: in das Erlebte und in seine sprachliche Darstellung. Das ›falsche Selbst‹, die ›Nicht-Ich-Erfahrungen‹, das Ausmaß der Verleugnung und Abspaltung des unmittelbaren Erlebens...« können alles weitere bis zur Unkenntlichkeit determinieren. »Aus ebendiesem Grund ist ein Großteil der zum Zeitpunkt der Sprachentwicklung klinisch bedeutsamen Phänomene stumm und unsichtbar.«

Oder, um es noch einmal in Martin Dornes' Worten zu formulieren: »Die Aufdeckung infantiler Wünsche durch die Analyse von Symptomen, Träumen und Assoziationen gerät indessen an eine Grenze, wenn man die ersten 1½ Lebensjahre zum Gegenstand der Aufmerksamkeit macht. Diese präverbale und präsymbolische Zeit ist auf der Couch über den Prozeß der verbalen Assoziation und symbolischen Kommunikation nur beschränkt zugänglich.« (1993, S. 22)

Ganz unironisch heißt es über Freud, immerhin Vater von sechs Kindern: »Freud hat nach der Begründung der Psychoanalyse keine kleinen Kinder mehr beobachtet, jedenfalls nicht systematisch, sondern eher zufällig.« Die Begründungen innerhalb der Psychoanalyse, warum uns die beobachtbare Realität des Erlebten gar nicht zu interessieren braucht, sind Legion. Dornes spricht von der »partiellen Selbstkastration der psychoanalytischen Entwicklungspsychologie« (S. 31) und der Gefahr, sich von den Nachbarwissenschaften weiter zu isolieren. Er schreibt sogar: »Fast habe ich den Verdacht, solche Auffassungen gedeihen hauptsächlich in den Köpfen von männlichen Erwachsenenanalytikern, die aus vielfältigen Gründen den Kontakt mit dem realen Kind scheuen und sich statt dessen lieber mit dem rekonstruierten Kind beschäftigen.« (S. 31)

Der Zugang über den Körper, über Inszenierung, Berührung und handelnde Regression ist der Versuch, mit dem realen Kind im Patienten in Kontakt zu kommen, mit dem Kind, das einen großen Teil seiner ihn prägenden Erfahrung außerhalb der Sprache aufbewahrt und sie auch erst außerhalb der Sprache wieder findet. Frühe Affekte, die in die Sprache transponiert werden, sind selektiv überarbeitete und gemilderte

Affekte, die aus *der* Sphäre, in der sie gelernt werden – nämlich Gesten, Laute, Gesichtsausdruck, Handlungen oder deren Kombination, herausgenommen werden, sozusagen in die höhere Schule ihres symbolischen Ausdrucks. Mimisch, lautlich und im Bewegungsapparat sind die Affekte aber bereits in den ersten Monaten vorhanden. Die Lebensstrecke, in der sie genutzt werden ohne Sprache, ist für das Kind unendlich lang. »Der primäre Auslöser des Gefühls ist der Gesichtsausdruck«, schreibt Dornes lapidar zusammenfassend.
Nicht umsonst beschäftigen sich unsere Patienten oft stundenlang mit den kurzen Momenten, in denen sie unser Gesicht sehen, bevor wir hinter der Couch verschwinden. Sie müssen in Bruchteilen von Sekunden sich orientieren, wozu sie sonst viel mehr Zeit haben. Sie klammern sich an die schnelle Gesichtsmeteorologie. Wir liefern sie damit ihren Phantasien aus, und das kann Vorteile haben! Es kann sie aber gerade auch in der Phantasietätigkeit und der Projektion fixieren, weil das natürliche expressive und gestische Korrektiv anstelle der ausschließlichen Arbeit an den Übertragungen fehlt.
Dazu nur ein Beispiel, das aber angesichts der bisherigen Bedeutung des Konzepts zentral ist: die Symbiose. Stern wie Dornes ziehen aus dem Stand der Forschung den Schluß, daß Symbiose kein beobachtbarer Zustand, sondern eher eine regressive Sehnsucht ist, wenn es mit den normalen Befriedigungen und Interaktionen zur rechten Zeit nicht geklappt hat. »Die ›Symbiose‹, schreibt Dornes, ist die Zuflucht des *überforderten* Säuglings.« (S. 77) Wenn wir uns also in der Analyse zusammen mit dem Patienten damit herumquälen, daß er unfähig scheint, seine Verschmelzungsvorstellungen, wenn sie gar noch sexualisiert werden, und seine Sehnsucht nach Nicht-Getrenntheit aufzugeben, so behandeln wir ihn bereits auf der Ebene dessen, was Marguerite Sèchehaye die sogenannten kompensatorischen Phantasiebefriedigungen nennt. Diese Phantasien können süchtig machen, weil sie gerade nichts mit der Lebenswirklichkeit der frühen Interaktionen zu tun haben, die zwischen Nähe, Distanzierung, Autonomie, Abgrenzung und Willensbekundungen schwanken. Die süchtige Sehnsucht, die der Analytiker hinter der Couch erlebt, die klebrige Unfähigkeit zu Individuation und Wachstum, Abgrenzung und

Kampf, ist es ja auch, die ihn, ähnlich wie bei der Angst vor der Sexualisierung, fürchten läßt, die Berührung zu wagen. Warum: Er weiß nicht, daß die variationsreiche Berührung die mißglückte Wechselseitigkeit wieder in Gang zu setzen vermag, in der auf Befriedigung der jeweils nächste Schritt des Wachstums, der Neugier, der Kompetenzsuche, der Abgrenzung erfolgt.

Süchtiges Phantasieren und gelebte Interaktion sind ganz verschiedene Dinge. Der Verzicht auf nicht Gelebtes fällt schwerer als der auf erfüllte körperliche Interaktion in der Kindheit oder später in der Regression. Die Unendlichkeit der regressiven Triebbedürfnisse ist eine Mär, sie ist konstruiert auf der Unendlichkeit der kompensatorischen Phantasien, die im Widerstreit zu den entgleisten und entmutigten Ichbedürfnissen stehen, die auf Wachstum, Kompetenz und Freude zielen. Auch die Rachebedürfnisse, die Tendenz zur negativen therapeutischen Reaktion, sind dynamisch weniger stark und kompensatorisch, wenn etwas nachgeholt werden kann von den ausgefallenen normalen Interaktionen.

Damit ist nicht jenes Zerrbild der korrigierenden emotionalen Erfahrung gemeint, das in den fünfziger und sechziger Jahren die Diskussionen vergiftet hat, falls überhaupt noch diskutiert wurde. Sondern aus den Interaktionen in der Regression bilden sich neue Selbstkerne und Erlebensmuster, die selbstverständlich der Ermutigung wie des Durcharbeitens der bisherigen Ängste, die sie umgeben, bedürfen. Oder um Masud Khan zu zitieren: »Am Anfang stehen Handlung und Geste. Phantasien, Gedanken, Träume, Spiel und Vorstellung folgen nach. Die psychische Realität ist etwas Nachträgliches! Handlungen und Gesten rufen sie hervor und bestimmen ihr Schicksal und ihr Los.« (»Erfahrungen im Möglichkeitsraum«, Frankfurt am Main 1990, S. 173) Es bedarf ganz eigener, neuer Wege, um den vorsprachlichen Kontinent wenigstens partiell in Sprache zu berühren. Deshalb fand ich immer das Bild so stimmig, daß die nur verbale Psychoanalyse oft der Sanierung eines Gebäudes in den Stockwerken über dem Erdboden gleicht, während die Fundamente unter der Erde kaum zugänglich werden.

Die Körperarbeit in der Psychoanalyse sucht Zugang zu den

verschütteten Fundamenten des Seelenlebens. Denn: »Objekterfahrung und Interaktion werden in Form sensomotorischer Schemata gespeichert«, schreibt Dornes in einem Unterkapitel über den Wiederholungszwang, der oft nur zu durchbrechen ist, wenn seine Bahnung auf der frühen Handlungsebene erkannt und verändert worden ist. Oder: »Frühe Interaktionsepisoden bestehen aus Wahrnehmungs-Affekt-Handlungsmustern, in denen der Affekt eine bedeutsame Stellung hat, allerdings nicht als symbolisierter, sondern als sensorischer.« (S. 191) Wo die sensorisch-interaktionelle Qualität nicht angeboten wird, befinden sich Patient und Analytiker oft auf der Ebene des Rätselratens, der Vermutung, der szenischen Rekonstruktion. Die kompensatorisch-symbiotische Bindung, die Nähe sucht, ohne sie auf der richtigen regressiven Ebene zu erhalten, macht sich auf den Irrweg der theoretischen Identifizierung wie der narrativen Überarbeitung sprachlich unbekannter, weil nicht gefaßter Szenen. Es gibt keinerlei Schutz vor der sprachlichen Entstellung oder Überbauung präverbaler Traumata. Das einzige Korrektiv ist in der Regel die Verschlechterung des Befindens des Patienten, wenn sich eingelagertes Trauma und narrative Überarbeitung allzu weit voneinander entfernen. Auf die Gefahr hin, mich zu wiederholen, zitiere ich noch einmal Dornes, weil er immer wieder den zentralen Punkt umkreist: Welcher Zugang öffnet sich für das sprachlich exterritorial gebliebene Material? Es heißt dort, immer noch unter »Wiederholungszwang« und »Skripttheorie«: »Die primäre Wiederholung ist sprachlos, archaisch und operiert unterhalb der symbolischen Ebene. Sie wird von präverbalen und präsymbolischen Erfahrungen gespeist, die der symbolischen Umschrift entgangen sind. Sie drängen zu Wiederholungshandlungen, weil sie anders nicht erinnert werden können ... Was nicht symbolisiert wurde, muß wiederholt werden ... Dieser schwierige und möglicherweise immer unvollständige Prozeß macht die psychoanalytische Arbeit mit schwergestörten und psychosomatischen Patienten so langwierig.« (S. 192)

Die szenische wie die Körperarbeit in der Analyse operiert mit den gleichen Grundvoraussetzungen wie die verbale Analyse: unbewußte Erinnerungen, Widerstand, Übertragung. Aber der Körper des Patienten entwickelt seine eigene Übertragung, die längst nicht immer deckungsgleich ist mit der seelischen oder verbalen. Und der Körperanalytiker braucht andere Mechanismen der Dechiffrierung, der körperlichen Antwort aus seiner Gegenübertragung heraus. Das läßt sich nicht in wenigen Worten erläutern. Er läßt sich ein auf eine weitgehend präverbale Interaktion, die zunächst ganz explorativ sein kann: expressive oder gestische Fragmente, die sich beim Patienten beobachten lassen, suchen nach der adäquaten Szene, die ihnen Sinn und kommunikative Form verleiht.

Wie nahe auch der einer Einbeziehung des Körpers unverdächtige Analytiker sich an diese elementare Spaltung herandenkt, entnehme ich Lotte Köhler: »Das Kind merkt, daß es Schichten und Ebenen des Selbsterlebens gibt, die durch Sprache nicht faßbar sind und also entfremdet erscheinen. Die zuvor bestehende Harmonie und Ganzheitlichkeit des. . . . Erlebens ist zerstört, das Kind erlebt sein Selbst zum ersten Mal entzweit und hat das Gefühl, daß niemand diese Teilung aufheben kann. Es hat nicht seine Omnipotenz verloren, sondern die Ganzheit des Erlebens.« (Forum der Psychoanalyse, Heft 1, März 90, S. 32 ff.) Dabei ist vom normalen Kind die Rede. Bei vielen Patienten ist diese Spaltung vertieft oder kommt an das heran, was früher vermutlich als »Urverdrängung« bezeichnet wurde.

Dornes selbst versteckt seine praktischen Folgerungen in einer Fußnote und schreibt: »Auf die psychoanalytische Situation angewendet impliziert das eine verstärkte Berücksichtigung körperlicher, gestischer und affektmotorischer Bekundungen des Patienten durch den Analytiker sowie umgekehrt die Berücksichtigung solcher Empfindungen beim Analytiker vor allem hinsichtlich ihrer möglichen Gegenübertragungsbedeutungen.« (S. 211)

Der Schritt zur Körperarbeit beruht im wesentlichen darauf, daß der Analytiker diese Äußerungen nicht nur neutral abwartend »berücksichtigt«, sondern in den Handlungsdialog einsteigt. Der andere Teil der Arbeit mit dem Körper hat mit der Wirkungsweise des frühen mütterlichen und väterlichen Containers zu tun, der die affektiven Szenen stützt, ermutigt und bei emotionaler Überforderung oder Entgleisung auffängt.

Affekte, die nicht auszuhalten sind, werden durch Erstarrung, Somatisierung, Blockierung, Verleugnung usw. »behandelt«. Die haltende Berührung stellt etwas von der Macht des frühen leibseelischen Containers wieder her, in dem die Entfaltung der Affekte überhaupt in vielen Fällen erst möglich wird. Die empirische Erfahrung zeigt, daß etwa das Weinen bei vielen Patienten direkt an haltende Berührung geknüpft ist. Die Berührung arbeitet den frühen Verboten oder der Affektüberlastung ohne Unterstützung ganz anders entgegen als eine verbale Ermutigung, Gefühle zu zeigen. Der Körper vermittelt oft erst die Wahrheit dessen, was in der Psychoanalyse möglich ist an Entfaltung der Gefühle.

Was folgt aus all dem? Der Druck auf die Psychoanalyse, den Kontinent des nicht Symbolisierten mit einer Erweiterung ihres Beziehungsangebotes aufzuschließen, wird zunehmen, erst recht, wenn durch das Psychotherapeutengesetz in den nächsten Jahren auch Richtungen mit anderen Erfahrungen zum Zuge kommen sollten. Bei den Therapeuten mit Zusatztitel ist das Interesse an Selbsterfahrungen und Fortbildung seit langen Jahren schon groß. Ich selbst würde mir wünschen, daß sich auch volle analytische Kompetenz und Arbeit mit dem Körper verbinden. Teils offen, teils in aller Heimlichkeit sucht eine Reihe von Kollegen Selbsterfahrung und Fortbildung.

Aber es scheint mir sogar dringlicher, daß sich die Kluft zwischen Klinik und Ambulanz schließt. Es kann sich ja hier wie dort nicht um völlig verschiedene Störungsstrukturen handeln. Während es dort selbstverständlich ist, etwa bei Borderline-Patienten, Hilfestellung bei der Integration von Spaltungen zu geben, die erst einmal neu inszeniert werden dürfen, oder psychisches Material aus verschiedenen Quellen aufzugreifen, bleiben sie in der rein dyadischen Analyse oft als objektiv oder subjektiv bedrohlich draußen, werden unerkannt agiert oder müssen weggedrückt werden. Seit mehr als zehn Jahren sammle ich Erfahrungen mit Settings, in denen analytische Kompetenz und Körperarbeit kooperativ dem Patienten zugute kommen. Die meisten meiner Patienten in Körpergruppen sind parallel noch in analytischer Einzeltherapie, oder umgekehrt: Kollegen schicken Einzelpatienten zusätzlich zu einer Körpererfahrung. Zwischen mir und einigen Kolleginnen hat sich eine von Respekt und therapeutischer Partnerschaftlichkeit getragene Zusammenarbeit entwickelt, die von Gefühlen freundlicher gemeinsamer Elternschaft getragen ist. Vermutlich wird diese Form der Zusammenarbeit für Analytiker, die nicht selbst mit dem Körper arbeiten wollen und doch gelegentlich das Gefühl haben, eine bestimmte Schicht oder eine traumatische Ebene nicht zu erreichen, die Methode der Wahl werden. Fast möchte ich sagen, es gehöre zu den künftigen Pflichten des Analytikers, einen oder mehrere Körpertherapeuten zu kennen, zu denen er Patienten zusätzlich überweisen kann. Er kommt dabei in den Genuß indirekten Lernens über die Arbeit mit dem Körper, und er hat die Chance, die Teamarbeit der Klinik auch in seiner Ambulanz kennenzulernen.

Die Bücher von Tilmann Moser im Suhrkamp Verlag

Gespräche mit Eingeschlossenen
Gruppenprotokolle aus einer Jugendstrafanstalt. Mit einem Kommentar von Eberhard Künzel
edition suhrkamp 375. 1969

Jugendkriminalität und Gesellschaftsstruktur
1970
suhrkamp taschenbuch 1472 (1987)

Repressive Kriminalpsychiatrie
Vom Elend einer Wissenschaft. Eine Streitschrift
edition suhrkamp 419. 1971

Lehrjahre auf der Couch
Bruchstücke meiner Psychoanalyse
1974
suhrkamp taschenbuch 352 (1976)

Gottesvergiftung
1976
suhrkamp taschenbuch 533 (1980)

Verstehen, Urteilen, Verurteilen
Psychoanalytische Gruppendynamik mit Jurastudenten
edition suhrkamp 880. 1977

Grammatik der Gefühle
Mutmaßungen über die ersten Lebensjahre
1979
suhrkamp taschenbuch 897 (1983)

Stufen der Nähe
Ein Lehrstück für Liebende
1981
suhrkamp taschenbuch 978 (1984)

Familienkrieg
Wie Christoph, Vroni und Annette
die Trennung der Eltern erleben
1982
suhrkamp taschenbuch 1169 (1985)

Eine fast normale Familie
Über Theater und Gruppentherapie
edition suhrkamp 1223. 1984

Kompaß der Seele
Ein Leitfaden für Psychotherapie-Patienten
1984
suhrkamp taschenbuch 1340 (1986)

Romane als Krankengeschichten
Über Handke, Meckel und Martin Walser
edition suhrkamp 1304. 1985

Der Psychoanalytiker als sprechende Attrappe
Eine Streitschrift
edition suhrkamp 1404. 1987

Das erste Jahr
Eine psychoanalytische Behandlung
1986
suhrkamp taschenbuch 1573 (1988)

Körpertherapeutische Phantasien
Psychoanalytische Fallgeschichten neu betrachtet
1989
suhrkamp taschenbuch 1896 (1991)

Das zerstrittene Selbst
Berichte, Aufsätze, Rezensionen
suhrkamp taschenbuch 1733. 1990

Besuche bei Brüdern und Schwestern
edition suhrkamp 1686. 1991

Stundenbuch
Protokolle aus der Körperpsychotherapie
1992

Vorsicht Berührung
Über Sexualisierung, Spaltung, NS-Erbe und Stasi-Angst
suhrkamp taschenbuch 2144. 1992

Der Erlöser der Mutter auf dem Weg zu sich selbst.
Eine körperpsychotherapeutische Studie
1993

Politik und seelischer Untergrund
suhrkamp taschenbuch 2258. 1993

Psychoanalyse und Justiz
Herausgegeben und mit einer Einleitung versehen
von Tilmann Moser. 1971
suhrkamp taschenbuch 167 (1974)